T型商业模式系列

商业模式与战略共舞

让企业跨越生命周期，实现可持续赢利

李庆丰◎著

北京时代华文书局

图书在版编目（CIP）数据

商业模式与战略共舞 / 李庆丰 著 . — 北京： 北京时代华文书局，2020. 7
ISBN 978-7-5699-3719-0

Ⅰ . ①商… Ⅱ . ①李… Ⅲ . ①商业模式—研究 Ⅳ . ① F71

中国版本图书馆 CIP 数据核字 (2020) 第 085196 号

商业模式与战略共舞

Shangye Moshi yu Zhanlüe Gongwu

著　　者 | 李庆丰

出 版 人 | 陈　涛
策划编辑 | 周　磊　高　磊
责任编辑 | 周　磊
责任校对 | 徐敏峰
封面设计 | 天行健设计
版式设计 | 迟　稳
责任印制 | 訾　敬

出版发行 | 北京时代华文书局 http：//www.bjsdsj.com.cn
北京市东城区安定门外大街 136 号皇城国际大厦 A 座 8 楼
邮编：100011　电话：010 - 64267955　64267677
印　　刷 | 三河市嘉科万达彩色印刷有限公司　0316-3156777
（如发现印装质量问题，请与印刷厂联系调换）
开　　本 | 710mm×1000mm　1/16　印　　张 | 15　字　　数 | 209 千字
版　　次 | 2020 年 9 月第 1 版
印　　次 | 2020 年 9 月第 1 次印刷
书　　号 | ISBN 978-7-5699-3719-0
定　　价 | 58.00 元

序 言

商业模式与战略共舞，将会繁衍出哪些创新？

商业模式与战略是什么关系？用拟人化的手法来描述，战略是一个桀骜不驯的狂野硬汉，而商业模式更像一个优雅知性的窈窕淑女。迈克尔·波特的竞争战略中有五力竞争模型，笔者在本书的T型商业模式中有五力合作模型。说起战略，更多会联想到竞争，竞争，竞争！谈到商业模式，时常应该记得合作，合作，合作！

这本书的书名为《商业模式与战略共舞》，让窈窕淑女与狂野硬汉在一起跳舞，将竞争与合作统一起来，将会繁衍出哪些创新？

在企业创立期，有“定位定天下”之说。拿穿衣服系扣子来比喻，系好第一个扣子就是定位。如果第一个扣子系错了，后面下的功夫都是白费。创业或新产品开发失败率这么高，主要原因是产品定位有问题，所以商业模式定位很重要。

T型商业模式定位的核心内容之一是三端定位模型。本书第2章对此模型进行了详细的阐述，列举了吉列、耐克、罗辑思维和名创优品四个公司实例，它们符合三端定位，因而能有一个阶段性或持续性成长；也指出芯片研制、“互联网+咖啡”、网上买菜等诸如此类的商业模式不易符合三端定位的条件，所以失败率会比较高。

不能说谁的“嗓门”大，谁就是定位理论的代表。如果三端定位模型代表一棵大树的话，那么像波特竞争战略、蓝海战略、特劳特定位、平台战略、品牌战略、爆品战略、STP理论等都分别只是其中的一个个枝杈。因为归根结底它们都在讨论产品如何定位——并且是“细分区域”的产品定位，所以它们只是商业模式定位的一个个局部分支。

在成长期，实施增长战略就要持续创造顾客。如何持续创造顾客？老一代管理学家安索夫、德鲁克、熊彼特等都给出了一些时断时续的提示或线索。商业模式这位窈窕淑女希望按图索骥，寻找那个创造顾客的模型，而战略这个狂野硬汉，像是被资本那帮人打了激素，不耐烦地说：“上补贴，上补贴，上补贴！”当风停了的时候，资本补贴也断了，风口上的猪纷纷掉了下来。

第3章阐述了T型商业模式中那个能够持续创造顾客的飞轮增长模型。这里用作比喻的飞轮是一个机械装置，启动时费点力气，旋转起来后就很省力，并且越转越快。飞轮增长模型中蕴藏着实现创造模式、营销模式、资本模式的第一性原理，并有借能、储能、赋能等生生不息的能量循环以保证增长飞轮的动力充沛……本章还介绍了一个五力合作模型，它是推动增长飞轮的能量来源，同时以“五力合作”消解波特之“五力竞争”，正如小米创始人雷军所说，“把朋友搞得多多的，把敌人搞得少少的”。

在扩张期，促进商业模式不断进化，需要企业具备核心竞争力。1990年时，普拉哈拉德与哈默尔两位学者只是给出了关于核心竞争力的三个检验标准，从此能力学派在众多战略门户中便异军突起，发展势头一度压过了哈佛教授波特先生所代表的定位学派。按照本书的阐述，能力学派与定位学派都属于商业模式家族体系，两者争来斗去，属于大水冲了龙王庙，一家人误打误撞。

三十年来，大家都喜欢谈论核心竞争力，但是核心竞争力究竟如何构成，如何形成？全世界的战略学者持续研究了三十年，至今没有一个令人信服的答案。从T型商业模式的角度，笔者在第4章提出的SPO核心竞争力模型试图给出企业核心竞争力的构成要素，并阐述了核心竞争力的构建方法和形成过程。这么疑难的问题，就这样一瞬间有了答案？也许他山之石，可以攻玉；也许笔者只能给出一个近似的模型或者只是一个新的线索……

基于企业核心竞争力的T型同构进化模型，是本书的另一个创新模型。它给我们的启示是，企业的根基产品组合好比一棵大树的树干，树干越强壮，上面的树冠（进化、衍生产品）才会丰满茂盛。例如，“淘宝+支付宝”组合是阿里巴巴的根基产品组合。以此出发，在扩张期阿里巴巴执行履带战略，接续衍生出天猫、菜鸟物流、阿里云、天猫国际、银泰百货、闲鱼等几十个产品或产品组合。

在转型期，流行的说法是找到第二曲线业务，让企业跨过非连续。第二曲线与第一曲线之间，有一个巨大的鸿沟，大部分企业跨越不过去。战略这个狂野硬汉又拾人牙慧地给出了企业转型的三大猛招：破坏性创新、二次创业、内部孵化。实际上，破坏性创新的机会比中国的野生大熊猫还要稀缺。二次创业及内部孵化可行吗？这属于老生常谈话题，如果缺乏理论指导，失败率依旧很高或者更高了！商业模式这位窈窕淑女给出的建议是“需要有一个可以指导实践的模型及相关原则、步骤”。除了简单说明第二曲线及非连续创新，本书第5章重点讲了双T连接转型模型及其三项原则、五个步骤。

都说摩尔定律失效了，移动互联网抢占了“PC时代”的地盘，那又怎样？2018年英特尔全球营收达到了708亿美元，再创历史新高，在本领域坐稳全球第一的位置。30年间，英特尔历经两次成功转型，为何能超越美国国际商用机器公司（IBM）而让“大象两次跳舞”？谷歌（Google）的神秘部门Google X屡次为企业成功开辟第二曲线，成功的密码是什么？为什么说鼎盛时期的诺基亚应该在美国硅谷设立一个智能手机海外事业部？如何让企业转型与二代接班联动？笔者提出的双T连接转型模型给出了一些初步解答或建议。

以上从企业创立期，到成长期、扩张期、转型期，是笔者重新划定的独角兽企业生命周期。如果在转型期成功开启第二业务增长曲线，企业就可以进入下一个生命周期循环。成为独角兽企业，希望基业长青，应该有更多的生命周期循环。

在《第五项修炼》一书中，彼得·圣吉认为，有伟大愿景的组织，其成员要学会系统思考。但是，巧妇难为无米之炊，应该先有一个企业系统，我们才能进行系统思考。以上阐述的企业生命周期四个阶段及其相关理论模型，让商业模式与战略共舞，可以看作是时间维度的系统思考框架。

企业空间维度上的系统思考模型，在本书第6章简要阐述，叫作庆丰赢利系统（也称为“企业赢利系统”）——毛遂自荐，是以作者的名字命名的。庆丰赢利系统类似一个“人＋车＋路”系统，经管团队好比是司机、商业模式好比是车辆、战略路径好比是行车路线……现在流行讲第一性原理、顶层设计、思维模型。庆丰赢利系统就是经营企业的第一性原理，也是顶层设计的思维模型。

德鲁克说：“企业存在的唯一目的就是创造顾客。”如果企业能够持续创造顾客，那么实现赢利或者说“赚到钱”，就是或早或晚的事。商业模式“负责”一个企业的赢利，所以它是庆丰赢利系统的中心。现在，我们非常重视一个企业的商业模式，并可以将企业称为“商业模式中心型组织”。战略以商业模式为“基座”——基于本书中提出的T型商业模式及若干理论模型，为企业的进化与发展规划出一条可行路径；经营管理团队驱动商业模式，沿着战略路径前进，实现企业目标和愿景。除此之外，打造一个商业模式中心型组织，构建企业赢利系统，还需要讨论管理体系、企业文化、资源平台、技术厚度、创新变革等系统因素。笔者写作的下一本书（预计2021年初出版），将会重点讨论企业赢利系统的相关实践与理论，即如何构建一个商业模式中心型组织。

个人可以看成是一个人经营的公司，所以可以将我们的职业看成是自己的商业模式。阐述企业商业模式时，我们会给出一些优秀企业的案例。同理，本书第7章阐述个体或职业者的商业模式，列举了刘慈欣、高晓松、渡边淳一、李素丽、比尔·克林顿、袁隆平、亚历克斯·霍尔诺德（Alex Honnold）、小野二郎、童文红、王坚等优秀职业人士的相关职业发展或转型实例。

借鉴以上企业生命周期理论及其七个重点模型，可以将我们的职业生涯分为职业选择、职业成长、职业跃迁、职业转型四个阶段，第7章也给出了职业生涯各阶段共七个参照模型与工具，见下图。有了这些模型与工具的协助，大家再去领会“一万小时天才理论”“精深练习”等励志类畅销书所提出的口号，积极地自我构建成为职场中的成功人士，也许就会有事半功倍的成效。

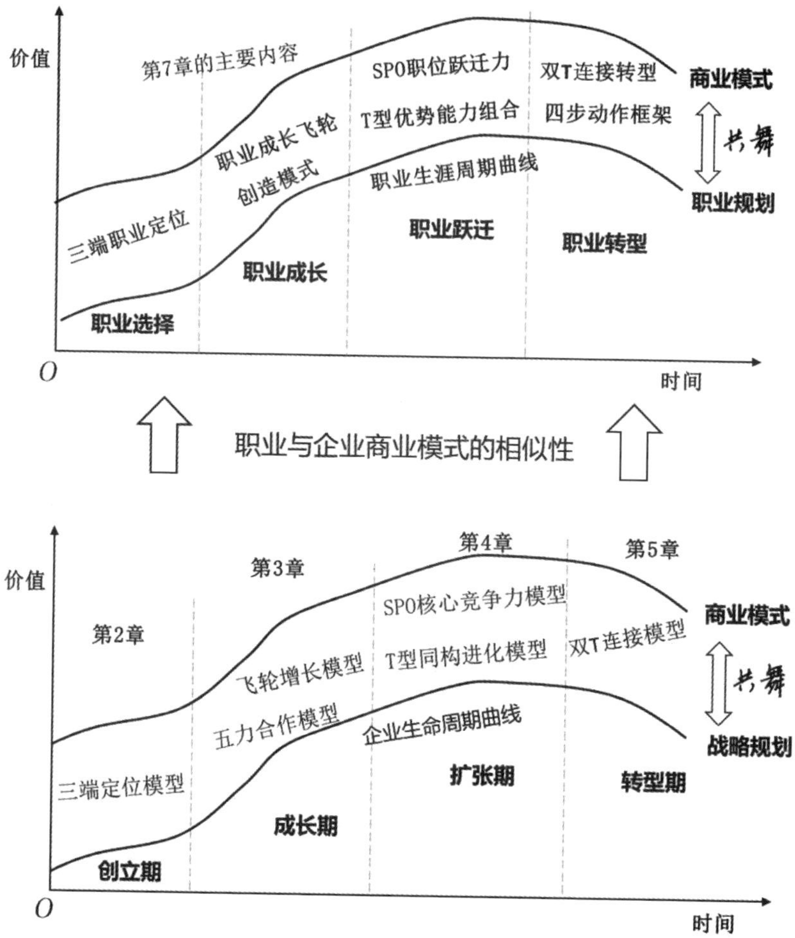

综上，本书的实用性创新理论和模型很多。作者写出这本书，如同产品经理开发了一个新产品，希望这些创新理论及模型能够为读者带来实际价值；也希望它们代表国际先进水平，能传播到世界各地去；还希望广大读者多提出批判性建议，集思广益才能有更好的创新（作者邮箱：fude139@163.com ）。

本书的第1章有哪些内容呢？这本书叫作《商业模式与战略共舞》，让窈窕淑女与狂野硬汉一起跳舞，需要一个前奏，需要一段自我介绍，需要一个舞蹈起式……第1章就安排了这些内容。

李庆丰

—目 录—

— 第1章　商业模式：我自战略中来！

商业模式好比是车辆，战略规划好比是道路；车辆在道路上行驶，商业模式与战略共舞，从而让更多的企业成长为“独角兽”！

T型商业模式理论，可以从三个方面溯源：第一，追溯到原始社会的物物交换，寻找商业模式的起源；第二，充分借鉴和吸收中外学者对商业模式的开创性研究；第三，将战略中属于商业模式的内容分离出来。

— 第2章　创立期：产品组合如何定位？

创业或新产品开发失败率这么高，主要原因是产品定位有问题。拿穿衣服系扣子来比喻，系好第一个扣子就是定位。如果第一个扣子系错了，后面下的功夫都是白费！

不能说谁的“嗓门”大，谁就是定位理论的代表。像波特竞争战略、蓝海战略、特劳特定位、产品思维、品牌理论、爆品战略、STP理论等，它们都是产品时代经典而有效的定位理论。在商业模式时代，定位理论需要更新。

— 第3章　成长期：如何持续创造顾客？

T型商业模式的创造模式、营销模式及资本模式三者构成了一个飞轮增长模型。这里用作比喻的飞轮是一个机械装置，启动时费点力气，旋转起来后就很省力，并且越转越快。

为实现持续创造顾客，另一个增长模型是五力合作模型。以庆丰之“五力合作”消解波特之“五力竞争”，正如小米创始人雷军所说，“把朋友搞得多多的，把敌人搞得少少的”。在创造模式、营销模式及资本模式各自的构成公式中，蕴藏着实现创造、营销、资本的第一性原理。

第4章 扩张期：商业模式如何进化？

在扩张期，商业模式进化需要核心竞争力。

如何打造核心竞争力及实践落地？T型同构进化模型给我们的启示是：企业的根基产品组合好比一棵大树的树干，树干越强壮，上面的树冠才会丰满茂盛。例如，“淘宝+支付宝”组合是阿里巴巴的根基产品组合。以此出发，在扩张期阿里巴巴执行履带战略，接续繁衍了天猫、菜鸟物流、阿里云、天猫国际等数十个产品或产品组合。

— 第5章　转型期：如何开辟第二曲线？

荀子《劝学》中有这样一则寓言：南方有一种叫“蒙鸠”的鸟，用羽毛做窝，还用毛发把窝编结起来，把窝系在嫩芦苇的花穗上。风一吹，苇穗折断，鸟窝就坠落了，鸟蛋全部摔烂。不是窝没编好，而是不该系在芦苇上面。所以，每个企业都要想一想：现有的商业模式是否已经过时？替代性产品或颠覆性技术是否正以不可阻挡之势席卷而来？

说到企业转型，不少人对第二曲线理论耳熟能详。但是，企业转型的过程复杂而艰巨，涉及一个组织与外部环境互动的诸多方面。

— 第6章　成为独角兽：如何系统思考？

成为独角兽企业，经营管理团队应该学会系统思考。但是，巧妇难为无米之炊，应该先有一个系统，我们才能进行系统思考。本章提出的庆丰赢利系统，如同“人＋车＋路”系统，经营管理团队好比是司机、商业模式好比是车辆、战略路径好比是通过导航规划的行车路线。

现在流行讲第一性原理、顶层设计、思维模型。庆丰赢利系统就是经营企业的第一性原理，也是顶层设计的思维模型。

— 第7章 成为T型人：职业发展与转型如何应用商业模式？

每个人都可以看成是一个人经营的公司，所以可以将我们的职业看成是自己的商业模式。仿照企业生命周期，我们的职业生涯可以分为职业选择、职业成长、职业跃迁、职业转型四个阶段。在本章给出了职业生涯各阶段共七个参照模型与工具。有了这些模型与工具的协助，再去领会“一万小时天才理论”“精深练习”等励志类畅销书所提出的口号，也许就会有事半功倍的成效。

第 1 章

商业模式：
我自战略中来！

本章导读

T型商业模式理论，可以从三个方面溯源：第一，追溯到原始社会的物物交换，寻找商业模式的起源；第二，充分借鉴和吸收中外学者对商业模式的开创性研究；第三，将战略中属于商业模式的内容分离出来。

哪些战略学派的内容首先要转移过来呢？哈佛商学院教授迈克尔·波特是定位学派的翘楚，他的三大法宝——三种竞争战略、五力竞争模型和价值链，属于商业模式定位或组成要素的基础性内容。除此之外，我们还要与明茨伯格、德鲁克、钱德勒、安索夫、熊彼特、科特勒、特劳特等国际知名战略、管理或营销专家“理论”一下，他们的理论究竟与商业模式有什么关系？

商业模式好比是车辆，战略规划好比是道路，车辆在道路上行驶，商业模式与战略共舞，从而让更多的企业成长为“独角兽”！

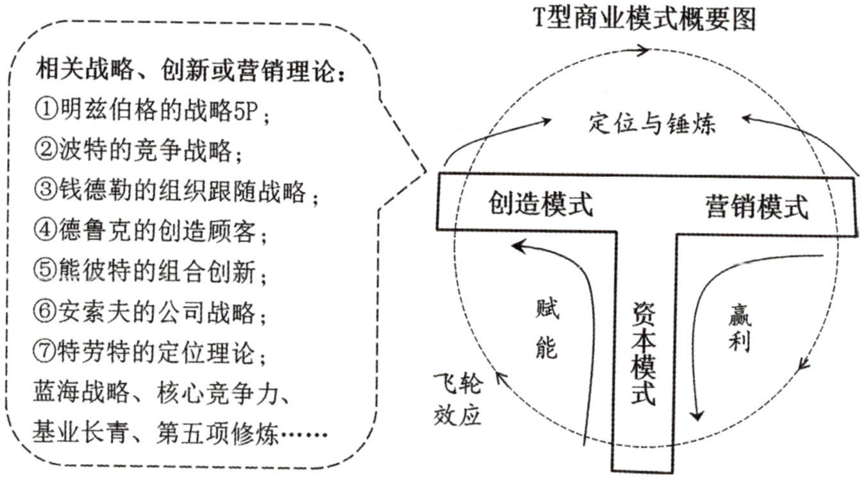

【第 1 章 重点内容提示图】
与 T 型商业模式有密切联系的理论

1.1 迈克尔·波特的竞争战略如何升级？

重点提示

※ 为什么说商业模式比战略的历史还要悠久一些？

※ 战略理论与企业实践脱节的原因有哪些？

※ 可以说迈克尔·波特是商业模式理论的鼻祖吗？

迄今，商业模式与战略好似在两条航道上，它们之间的联系和区别一直没有说清楚。20世纪接近尾声时，才有学者提出商业模式这个名词，之后各种商业模式说辞就开始满天飞了。

2005年前后，出现了一批以物易物的互联网创业项目，这类商业模式也受到了风险投资的关注。当时流传过这样一个“财富”故事，加拿大男青年麦克唐纳用一枚红色曲别针，通过互联网不断以物易物，最终换回一套漂亮的双层别墅（实际上是一年使用权）！

以物易物这个商业模式，在7 000年前中国古代仰韶文化时期就有了。3 000多年前古希腊的《荷马史诗》曾记载当时的物物交换：1个女奴换4头公牛，1个铜制的三角架换12头公牛。

实质重于形式，原始社会时商业模式就存在。实际上，有商品交易就有商业模式。

为什么进入21世纪后，商业模式才被创业者、投资人、企业家等频频提到并备受重视？因为2000年左右才开始流行商业模式这个概念，至今还没有一套被普遍认可的理论学说。

人类社会有了大规模战争后，逐渐形成了战略理论，而原始社会时商业模式就存在，所以商业模式比战略的历史要悠久。**令人惊诧的是，**

战略理论源远流长，为什么商业模式被雪藏了这么多年？其实，一直以来，商业模式被包含在战略理论之中了。

1987年，加拿大管理学家明茨伯格提出了战略5P，即战略包括五个方面的内容：战略是一项计划（Plan）、一种对策（Ploy）、一种定位（Position）、一种模式（Pattern）、一种观念（Perspective）。现在看来，笔者认为这个5P中的2P——定位、模式，应该属于商业模式的主要内容。

定位当然是对产品的定位，与时俱进地说，是对产品组合的定位。德鲁克说：当今企业之间的竞争，不是产品之间的竞争，而是商业模式之间的竞争！商业模式的核心内容是产品组合。也就是，过去是产品之间的竞争，当然战略定位也是研究产品如何定位，例如：波特的三大竞争战略、金伟灿和勒妮的蓝海战略、特劳特及里斯的定位理论等。现在是产品组合之间的竞争，商业模式重点研究如何对产品组合进行定位。产品组合主要是指两个以上产品组合起来实现差异化及形成赢利机制，例如：吉列的刀片与刀架组合、斯沃琪的产品金字塔组合、罗辑思维的免费与收费组合等。本书第2章，将会进一步阐述诸多战略定位应该让渡给商业模式，转化为商业模式的定位。

在战略5P及其他相关战略理论中，对模式的表述一直是含糊其辞及模糊不清的，这也是战略理论长期处于混沌状态的一个表现。例如：增长战略就要基于一个模式让组织成长，否则战略成了经验者路径依赖的战略、投机者寻租的战略或艺术家随心所欲的战略。因为没有模式，所以战略失误就非常多。组织成长就是一定时期内更多地创造顾客。如何创造顾客，有一个模式吗？按照德鲁克的说法，创造顾客依靠营销和创新。需要补充的是，资本可以推动创新和营销，当今时代资本对创造顾客功不可没。基于此，本书重点介绍了笔者提出的T型商业模式，它主要包括创造模式、营销模式和资本模式三个部分。我们把模式初步搞明白了，但是它已经不再属于战略了。

上帝的归上帝，凯撒的归凯撒。明茨伯格提出了战略5P，我们把它分为两个部分：模式与定位（2P）不要雪藏在战略理论中了，回归到商业模式的怀抱；剩余的计划、对策、观念（3P），继续留在战略理论中。

原来的战略5P被分成了商业模式2P和战略3P两大部分，必然商业模式与战略之间有明显的区别，也有紧密的联系。在企业生命周期坐标系中，可以简单直观地示意两者的关系，见图1–1–1。在企业创立及后续阶段性变革的时点，企业都要调整定位和模式。定位与模式属于商业模式，应该看成一个时点量，并以空间时点上的横截面表示。计划、对策、观念（3P）给出企业从现在走向未来的途径，属于一个期间量，主要指时间维度上的战略规划。在自然界中，很多事物的“运动之道”有一定的相似性。**商业模式好比是车辆，战略规划好比是道路，车辆在道路上行驶，商业模式与战略共舞！**

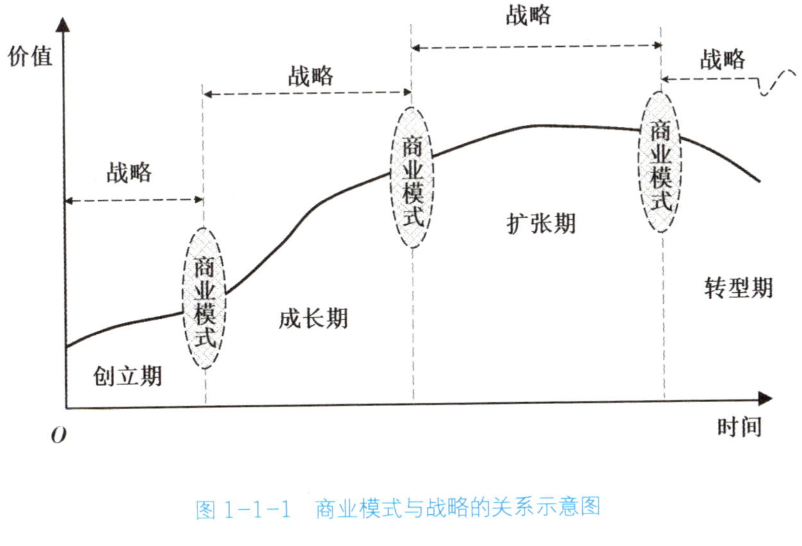

图 1–1–1　商业模式与战略的关系示意图

战略的“管辖”范围很宽泛，有公司战略、竞争战略、职能战略、人才战略、创新战略等，无所不包。当然也有商业模式战略。将今天的商业模式推演、规划到若干年以后的商业模式，就是商业模式战略。

例如：小米公司创立时，以“手机硬件+ MIUI系统+米聊软件”为产品组合，喻称为“三驾马车”商业模式。8年后小米在香港上市，产品组合也进化为“硬件+互联网+新零售”，喻称也改为“铁人三项”商业模式。

战略5P被减掉了2P，未必不是好事。明茨伯格在1998年出版的书籍《战略历程：纵览战略管理学派》中引用了这样一则寓言故事：

那是六个印度人，他们特别好学。尽管他们都是盲人，但是他们都通过触摸来满足看事物的心愿。

第一个接近大象的盲人，碰巧撞上了大象宽阔结实的身体，马上叫道：“上帝保佑，原来大象就像一堵墙。”第二个盲人碰到了象牙，他喊道：“嗬！我们在这儿碰到的是什么呀！又圆又滑又尖！我看，这很清楚，大象很像一支矛！”第三个盲人碰巧将扭动着的大象鼻子抓在手中，因而就大胆地说道：“我看，大象非常像一条蛇！”第四个盲人急切地伸出了双手，摸到了大象的膝盖，“这头奇异的野兽是像什么已很清楚了，”他说，“大象就像一棵树！”第五个盲人偶然碰到了大象的耳朵，说：“甚至最瞎的人也能说出它最像什么。谁能否认这个事实，这只奇怪的大象，就像一把扇子！”第六个盲人一开始摸这只大象，就抓住了大象摆动着的尾巴，他说：“大象就像一条绳子！”

于是这六个印度人，大声地争论个不停。他们每个人的观点，都出奇地僵化。尽管他们每个人都部分正确，但他们都是错误的！

然后，书中接着说：

我们对企业战略的认识就如同盲人摸象，每个人都抓住了战略形成的某一方面：设计学派认为，战略是设计；计划学派认为，战略是计划；定位学派认为，战略是定位；企业家学派认为，战略是看法；认识学派认为，战略是认识；学习学派认为，战略是学习；权力学派认为，战略是权力协商；文化学派认为，战略是集体思维；环境学派认为，战略是环境适应。这些认识对不对呢？从每个学派的局部来看，这些认识都是对的。正如大象的身体、牙齿、鼻子、膝盖、耳朵、尾巴都是不可缺少的一样，所有这些学派所考虑的问题对于企业战略都是不可缺少的。但是，所有这些学派都不是企业战略的整体，于是，出现了结构学派。结构学派提供了一种调和的可能，对其他学派进行综合。

那时候，算上明茨伯格所代表的结构学派，战略就有10大学派。结构学派是将组织与环境看成一个结构，研究它们在企业生命周期各个阶段的对应策略。现在看来，结构学派也有历史局限性。现代企业，战略应该与商业模式共舞，在企业生命周期的各个阶段，寻求可持续赢利的进化与发展。

21世纪之前，战略就有10大流派。进入21世纪，随着管理咨询及MBA教育的兴起，从事战略研究的学者数量增加了很多。出于不同的诉求或需要，不少战略学者都会写若干本战略专著，遂又增加了诸多战略学派或学说。这些战略专著大体选择这样的研究策略：①组合创新——将之前的战略内容重新组合，附加一些新案例或流行名词；②为战略增重——从组织、人才、文化、创新……挑选一个或一些模块包装整合，与战略混杂后美其名曰“××战略”，让战略这匹“老马”驮上，以区别于经典战略理论；③让战略有地域特色或民族特色；④其他。

战略变得更混沌了！一些管理学教育培训机构还是比较清醒，学者们可以开放式研究，但是课堂上还是学习30年前的经典战略理论。

战略学家教导别人要战略聚焦，而战略本身变得更混沌了！所以只有舍九取一，才能指导企业的经营实践。明茨伯格的战略5P是对繁杂战略学说的第一次收敛简化。笔者从战略5P中裁掉2P，划给商业模式，只留下3P，是对战略学说的第二次简化。第三次简化怎么干呢？将战略3P

即战略是一项计划、一种对策、一种观念，进一步简化为1P，即战略是一项计划。为了与管理学中的计划职能有所区分，我们将战略中的计划称为战略规划。另外2P即战略一种对策、一种观念到哪里去了？它们包含在战略规划中了，本质上属于战略规划与实施的一部分。

将战略稍加安顿，再来说商业模式，从战略5P拿来2P（模式、定位）后，哪些战略学派的内容也要随之转移过来呢？哈佛商学院教授迈克尔·波特是定位学派的翘楚，他的三大法宝——三种竞争战略、五力竞争模型和价值链，属于商业模式组成要素或评价工具的基础性内容。波特的三大法宝与T型商业模式（详见1.3节的阐述）的关系，见图1–1–2。

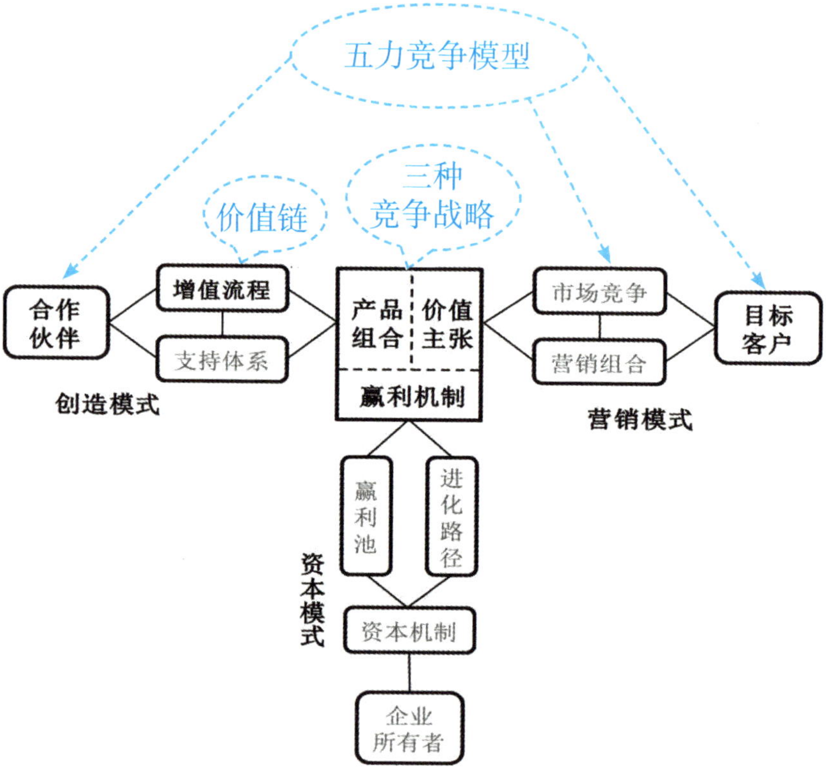

图 1–1–2 波特的三大法宝与 T 型商业模式关系示意图

三种竞争战略是指总成本领先战略、差异化战略和集中化战略。20世纪20年代，美国福特汽车公司生产的T型车，就采用了总成本领先战略。那时老福特先生搞产业链一体化模式制造汽车，T型车实现了总成本领先，260美元就可以买一辆，总销量超过1 500万辆。中国企业海底捞采用差异化战略，通过“变态”服务对火锅餐饮进行差异化定位，在激烈竞争中取得了令人瞩目的业绩。集中化战略是指产品为某一特定顾客群体服务，例如：盲人专用手机。以上这三个例子：福特T型车、海底捞特色火锅、盲人专用手机，从传统战略视角看，它们分别代表了三大竞争战略。但是，从商业模式的视角看，它们都是让产品与众不同，避开同质化竞争，实现差别化定位，然后由成功的产品定位而晋级为一种有竞争优势的商业模式。本来就如此，落实到具体产品的市场定位上，波特的三种竞争战略才有实践意义。因此，三种竞争战略属于商业模式中产品定位的具体理论工具。三种竞争战略出自1980年出版的迈克尔・波特所著《竞争战略》一书。迄今40年过去了，从那时的产品竞争时代到现在的商业模式竞争时代，商业世界发生了翻天覆地的变革与进化。除了三种竞争战略，产品及产品组合的定位理论也在不断推陈出新，异常丰富多彩！

五力竞争模型主要用来评判产品在产业结构中是否具有竞争优势，是从三种竞争战略中选择其一从而进行产品定位时的重要评判工具之一。同样，五力竞争模型可以用于商业模式的产品组合定位，作为评判所在产业结构中竞争力量的主要工具。另外，五力竞争模型中的顾客、供应商都是商业模式中不可或缺的交易主体，三类竞争者都是商业模式中的重要利益相关者。

价值链是商业模式的重要构成要素。在T型商业模式中，创造模式的增值流程与价值链的核心内容近似一致。在其他学者提出的商业模式理论中，有的以价值链理论为基础，有的将价值链作为重要的构成部分。

根据笔者提出的庆丰赢利系统（详见第6章），将商业模式从战略中分离出来后，便与经营管理团队（以下简称“经管团队”）、战略路径共同构成企业顶层设计的“三剑客”。它们之间的关系可以表述为：顺向看，经管团队驱动商业模式，沿着战略路径发展与进化，实现各阶段战略目标，最终达成企业愿景。逆向看，企业将外部环境的机遇或挑战，通过战略路径，促进商业模式的优化或创新，最终提升经管团队的素质和能力。庆丰赢利系统示意图见图1–1–3。

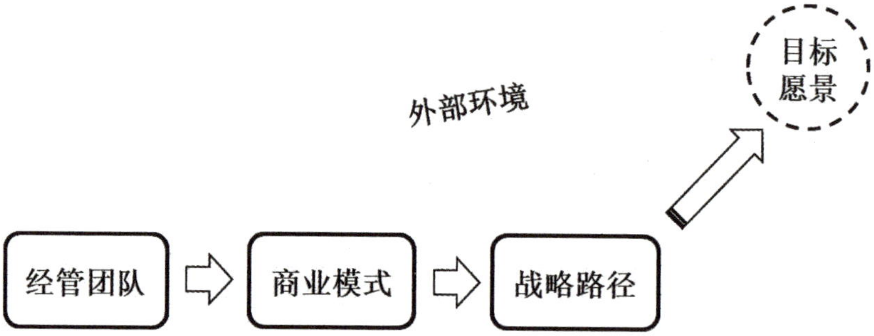

图 1–1–3 庆丰赢利系统示意图

1.2 钱德勒的“战略决定结构”应该更新了！

重点提示

※ “战略决定结构”的适用条件是什么？

※ 为什么说海尔的“人单合一”变革有失偏颇？

※ 为什么苹果公司持续赢利颇丰而组织结构改革较少？

商业模式从战略中分离出来后，形成了由经管团队、商业模式、战略路径三者构成的企业顶层设计新范式。有人可能会问，钱德勒说过“结构跟随战略”，转换一下也可以说“战略决定结构”，理论界、企业界一直使用这个顶层设计范式，怎么能随便推翻大师的教诲呢？

美国著名企业史学家钱德勒在1962年出版的《战略与结构》一书中提出“结构跟随战略”命题，即企业扩张战略必须有相应的组织结构变化相跟随。的确，钱德勒的命题长期对企业界、学界发挥着重要指导作用。

当然，这里的结构是指组织结构，例如：直线职能制结构、矩阵式结构、事业部制结构。因此，“结构跟随战略”也可以说成“组织跟随战略”。不仅钱德勒这么说，而且公司战略开创性人物安索夫博士也是这么认为的。在1979年出版的《战略管理》一书中，安索夫说，战略行为是一个组织对其环境的交感过程以及由此而引起的组织内部结构变化的过程。

1985年，张瑞敏砸冰箱，是海尔发展史的一个标志性事件。那时，电冰箱为紧俏商品，有质量问题是常态，有点缺陷不愁卖。那时，电冰箱还是奢侈品，一台售价相当于一个工人两年的工资。张瑞敏为什么要砸冰箱？实质上是为了解决不尽如人意的产品质量问题，逆转而成了一个轰动全国的免费广告，也塑造了海尔的品牌和核心价值观。那时，温州制造的鞋，一穿就掉鞋跟；国产的电视机，需要不断拍打才能继续显示图像。那时，提升产品质量、合格率确实是一个事关企业生死存活的战略问题。那时，解决这个战略问题，关键在提升员工的责任感，将组织结构调整为“以质量为中心”，搞好组织管理工作是重中之重。

战略有时意味着放弃，它往往不会让你失去太多的东西。一口气砸了76台有缺陷的冰箱后，张瑞敏告诉大家：有缺陷的产品就是废品。员工们的内心被张瑞敏严抓质量的决心给震撼了，从此海尔的组织管理工作率先有了质的飞跃。三年以后，海尔人捧回了中国冰箱行业的第一块国家质量金奖——“组织跟随战略”结出了初步的成果。然后，海尔的发展就开了挂，产品线不断丰富；从国内到国际，市场规模快速扩张。组织跟随战略，海尔从直线职能制、事业部制逐渐变革到跨国集团管控制。战略决定组织，现在的海尔已经是国际知名的家电集团，在“2018世界品牌500强”中排在第41位。

进入商业模式制胜的时代，这些年张瑞敏在“砸组织”——搞人单合一，让人人成为首席执行官（CEO）。为什么要砸组织？组织跟随战略。按照海尔的官方解答：为顺应互联网时代“零距离”和“去中心化”“去中介化”的环境趋势，倒逼传统组织结构的颠覆性变革，最终实现以企业平台化、员工创客化、用户个性化为特征的“人单合一”经营管理模式。

人单合一这事行吗？要让员工成为自己的CEO，说说可以，实施起来难度极大，还有可能要挑战一些管理学原理或经济学理论——它们有些可以挑战，有些暂时挑战不了。**围绕产品组合重构商业模式，是当今海尔应该面对的重点战略工作，而组织跟随战略，搞人单合一，有所偏颇吗？**

组织跟随战略，是传统的范式。20世纪60年代之前，钱德勒跟随研究了美国杜邦、通用汽车、新泽西标准石油和西尔斯四家公司的海外扩张和多元化战略的实施过程。他发现这些公司的战略改变后，组织结构也随之改变，例如，从直线职能制升级为事业部制，确保了战略和组织的一致和协调。但是，进入21世纪，风险资本汹涌，技术进步加速，从互联网到移动互联网，战略与竞争环境复杂多变，充裕经济带来顾客的话语权也极大增强。这个阶段，经典战略理论有些失灵，虽然富有时代特色的战略专著很多，但是在指导实践上却乏善可陈。

不仅战略是混沌的、复杂的，甚至难以言表的，而且组织也在发生巨大变化，扁平化组织、虚拟组织、平台型组织、生态链组织不断涌现。移动互联网、区块链技术正在或即将造就越来越多的微型组织，一个人的组织已经大量出现——但是，它们已经不需要组织结构了。

如果组织继续紧密地跟随多变的战略，组织就要不断调整。这样就会瞎折腾，将现金流折腾到枯竭的时候，组织只能破产了。

凡客诚品2007年成立时，其定位是一个卖“凡客牌”服装鞋帽的电商，以能够融资5亿多美元的独特能力，而后几年的发展战略变得越来越疯狂。到2011年，短短4年时间凡客的SKU（库存保有单位）曾一度增加至 20 万个，网站频道扩充到 500 多个。组织跟随战略，从创业的几个人增加到13 000多人，从创业时的至简组织结构发展到两个事业部，然后又拆分成5个事业部，后来又变成了10个事业部。到2012年，凡客有库存积压产品20多亿元。意识到问题后，凡客随即战略大收缩，人员从13 000多人又迅速锐减到300多人。

另一个例子是共享单车ofo。2014年，ofo由5位研究生在大学校园创立。仅用3年时间，ofo投放了2 300万辆单车，设立了覆盖中国约200个城市的各地分公司及多个国外分支机构，同时企业估值接近30亿美元。ofo的发展战略是低成本迅速投放单车，领先对手和吓退潜在进入者而占领各地市场。组织跟随战略也同时快速暴涨，ofo迅速设立多个事业部，员工总数激增到12 000多人。ofo烧掉了大约130亿元人民币后，傻子也明白了——低成本快速发展战略有问题，再没有人愿意投资了。到2019年，ofo又迅速收缩到寥寥几人留守。街上已经看不到ofo的小黄车，似乎这个公司已经不存在了。

当今时代外部环境变化频繁，继续教条地 “结构跟随战略”，即组织结构及管理活动随战略而频繁变动，就会导致企业经营不稳定，成本增加、风险放大，而且很难形成竞争优势，最终必然损害了企业价值。

商业模式吸收了战略中定位、模式方面的相关内容，所以相较于战略与组织结构的关系，战略与商业模式的关系更加紧密一些——“组织跟随战略”是否应该更新了？

商业模式有一个固定结构，可以缓冲外部环境及战略规划的多变调整，在多变时代中求得相对不变之道。商业模式相当于一个赢利“缓冲装置”，当外部环境稳定时，积极进取支持战略的对外扩张；当外部环境多变遇到挑战时，优化或变革商业模式，减轻组织结构的盲目跟随。

为什么乔布斯回归，苹果公司就从萎靡不振中雄起？按照西蒙·斯涅克的黄金圈法则，因为乔布斯信奉：一个产品要感召用户，必须从内而外地先想好“为什么”，然后再来确定“怎么做”和“做成什么”。像乔布斯那样，多问这样的“为什么”，企业就可能找到一个优秀的商业模式，而直接就“怎么做”和“做成什么”，很可能就像凡客和ofo那样，企业随即进入一个战略疯狂的状态。

2001年，iPod这款产品让苹果公司成功实现了逆袭。当时各种品牌的音乐播放器遍地开花、竞争趋于白热化了，而iPod卖那么贵，且一口气卖了10年，销量超过了3亿部。设计这款产品之前，乔布斯首先想到的是，为什么顾客会买苹果的iPod？因为好产品自己会说话，iPod有追求极致的人性化操作界面、巨大的容量——把1 000首歌装进口袋，还有iTunes音乐商城——0.99美元可以下载一首歌。在乔布斯主导下，苹果公司设计的iPod+iTunes产品组合，从起初的独特定位，而后进化为有核心竞争力的商业模式，为苹果公司带来了巨大的企业价值。

同样是增长战略，苹果公司先有一个靠谱且有巨大赢利潜力的商业模式，而后组织结构随着商业模式适当调整就可以了。况且，全球范围的产业链分工和专业化协作还可以为企业带来组织轻型化和稳态化的好处。苹果公司就采用了以制造外包为特点的虚拟经营方式，这样就极大地减轻了组织调整和变革的负担。自从iPod+iTunes之后，苹果公司陆续推出了一系列改变世界的产品，让公司历年都赢利颇丰。即使乔布斯驾鹤西去，离开苹果7年之久了，苹果公司的赢利也还在增长。2018财年苹果公司净利润达595亿美元，但是它的组织结构并没有发生翻天覆地式的一次又一次改变。

商业模式从战略中分离出来后，形成了由经管团队、商业模式、战略路径三个基本要素构成的企业顶层设计新范式。组织结构应该放在什么位置呢？它包含在管理体系中，与企业文化、技术厚度、资源平台、创新变革等若干因素放在顶层设计的辅助层次。顶层设计三个基本要素必不可少，但不同的企业可以有不同的辅助因素选项。企业顶层设计要素和辅助因素共同构成企业的操作系统，称之为企业赢利系统或庆丰赢利系统，见图1–2–1。

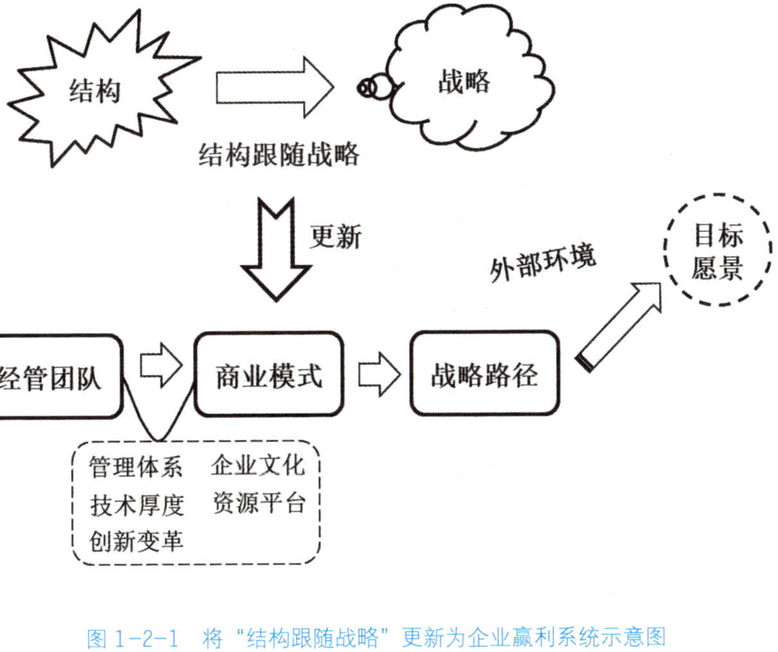

图 1–2–1 将“结构跟随战略”更新为企业赢利系统示意图

“战略决定结构”应该更新了！本书第6章，有3节内容将专门讨论这个企业赢利系统。

1.3 T型商业模式：穿越到刀耕火种的原始社会寻找起源

重点提示

※ T型商业模式有哪三个理论来源?

※ 您对赢利池这个要素有哪些改进建议?

※ 为什么T型商业模式要用三个图示形式表达?

笔者提出的T型商业模式理论从哪里聚合而来？首先，从战略中分离出来定位、模式部分的相关内容，回归到商业模式中。其次，中外一些专家、学者对商业模式做了很多开创性研究，笔者从他们的研究成果中汲取营养、获益匪浅。除此之外，探讨所谓的商业本质，查看商业模式的极简形式，我们还要穿越到刀耕火种的原始社会寻找踪迹。

原始社会的物物交换常常选择在接近水源的地方进行，例如水井旁边。人们经常相聚井边汲水，顺便带上货物交换。井中有水可以清洗货物，所以井边是交易剩余物品的好地方，“市井”一词大致由此沿革而来。有了“市井”，商肆越来越集中，基础设施逐渐配套，买卖双方交换物品的频次不断增加，后来就出现了专业提供清洗、包装、物流服务的第三方供应商。从古代的物物交换发展到今天高度发达的商业社会，虽然历经朝代更迭、时代变迁，但是商业的本质未变，商业交易依旧主要有三个主体：买方、卖方和第三方供应商。

1.3.1 T型商业模式定位图

为了便于沟通和传播，后来者应该继承或借鉴已有的商业模式术语体系。因此，在T型商业模式中，将买方称为目标客户，将卖方称为企业所有者，将供应商称为合作伙伴。三者之间交易标的物是产品，在商业模式时代升级为产品组合。目标客户购买产品是为了满足自己的需求，感兴趣的是产品的价值主张；企业所有者为目标客户创造产品，是为了实现销售赢利，真正的兴趣在赢利机制；合作伙伴愿意一起参与产品的创造，是由于产品组合中有自己擅长和能够获得收益的部分。“产品组合、价值主张、赢利机制”三位一体，分别代表了交易标的物的实物形式、需求形式、赢利形式。三位一体即三种形式是一个实体，为方便表达后文常用产品组合来代表总体。将以上六个要素的相互关系构造到一个图中，形状似一个“T”，所以叫作T型商业模式，见图1–3–1。

鉴于不同的应用场景，T型商业模式有三种图示形式，分别是概要图、定位图和全要素图。图1–3–1所示是T型商业模式的定位图。

区别于其他定位理论，T型商业模式定位的核心内容之一是 “三端定位”——对合作伙伴、目标客户、企业所有者三个利益主体的各自诉求“产品组合、价值主张、赢利机制”进行综合协同考虑而确定商业模式的定位。2011年小米公司创业伊始，为了对抗苹果、三星、联想等知名跨国公司的强势竞争力量，以“手机硬件+MIUI系统+米聊软件”为产品组合，价值主张为“高配置、低价格”，并以战略性低成本打造爆品构建赢利机制。知识付费公司罗辑思维，以“每日免费广播+礼品商城+名家课程”为产品组合，以优质简便的内容带领大家终身学习为价值主张，构建了“低成本广播+礼品基本利润+名家课程高额利润”的赢利机制。

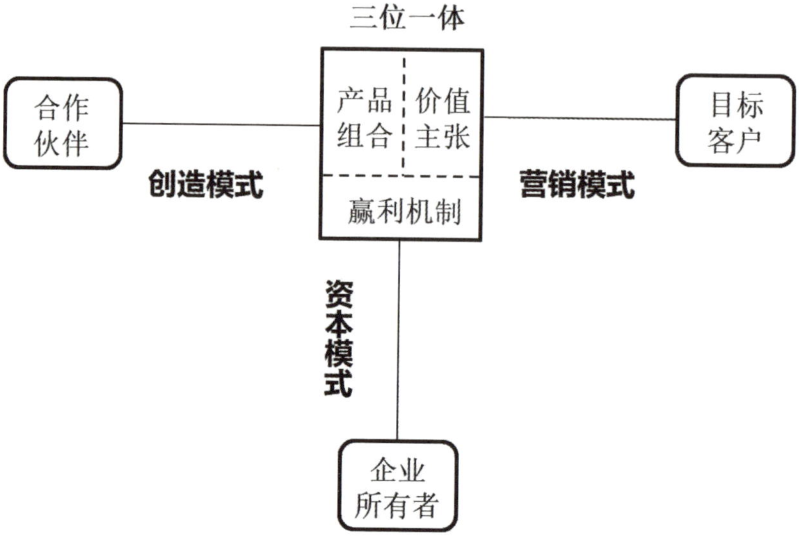

图 1-3-1 T型商业模式定位图

由于创始人的光环效应、风险投资盲目追捧等因素，一些企业还没有对产品组合进行科学定位，就豪情万丈地盲目铺开了增长与扩张战略。诸如ofo小黄车、凡客公司、联想手机项目等诸多案例已经警示我们，创业失败或成熟企业转型失败，在很大程度上是因为三端定位方面有所偏颇或考虑欠周。在本书第2章，将详细阐述T型商业模式的三端定位。

1.3.2 T型商业模式全要素图

在以上定位图的基础上，再增加七个要素，就是T型商业模式的全要素图，见图1–3–2。

在T型的左端，“产品组合→合作伙伴”之间，增加增值流程、支持体系两个要素，它们一起构成T型商业模式的创造模式。用公式表达创造模式为：产品组合=增值流程+支持体系+合作伙伴；换用文字表述为：增值流程、支持体系、合作伙伴三者互补，共同创造出目标客户所需要的产品组合。当然，这里的公式属于管理学艺术性的一面，主要为了便于理解，也在一定程度上反映了创造模式四个要素之间的逻辑关系。

此处的增值流程近似等于波特的价值链，可以从两个方面理解：一是指形成产品组合的业务流程（核心价值链），能外包的外包给合作伙伴，不能外包的企业自己干好；二是业务流程如何为目标客户带来所需要的价值，因为业务流程最终要对产品组合所“携带”的价值主张负责。

支持体系可以简单理解为创造产品组合所需要的关键资源与核心能力。

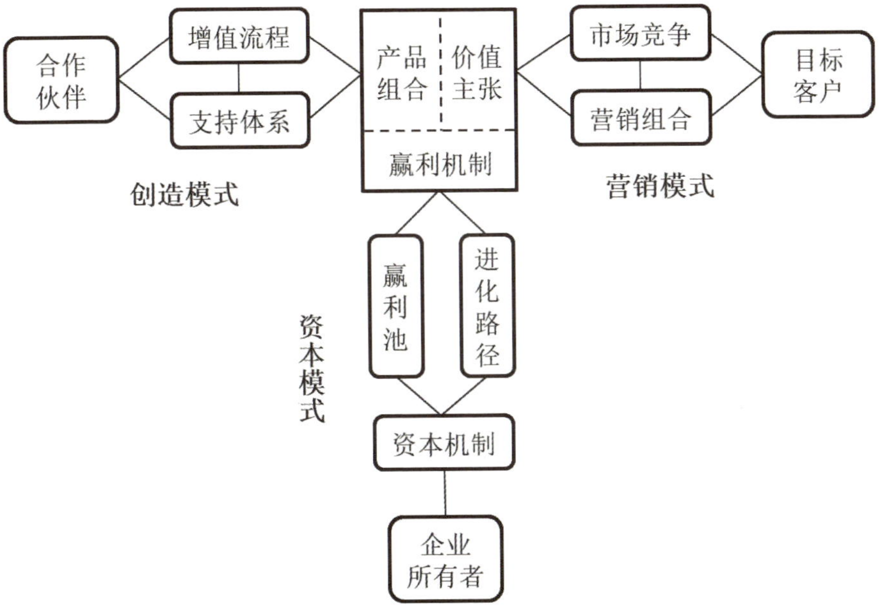

图 1-3-2 T 型商业模式全要素图

在T型的右端，“价值主张→目标客户”之间，增加营销组合、市场竞争两个要素，它们一起构成T型商业模式的营销模式，用公式表述为：目标客户=价值主张+营销组合-市场竞争；换用文字表述为：根据产品组合中含有的价值主张，通过营销组合克服市场竞争，最终不断将产品组合销售给目标客户。彼得·德鲁克说："企业的宗旨就是创造顾客，顾客是唯一的效益中心。"营销模式为如何创造顾客提供了一个公式。本书中，顾客、目标顾客与目标客户概念一致，都表示产品组合的销售对象。

此处的营销组合代表企业选择的营销工具或手段的一个集成。经典系列的营销工具组合有：营销4P、4C、4R、4V等。互联网的出现，又创造出了很多营销手段，例如：社群营销、裂变营销、大数据营销等。营销手段的创新还会越来越多，例如："网红""种草"、补贴都成了非常流行的营销手段。将选用的营销工具或手段整合在一起，统称为企业的营销组合。

价值主张决定了企业提供的产品组合对于目标客户的实用意义，即满足了目标客户的哪些需求。营销案例课上流传着这样一句话：顾客要购买的不是钻机和钻头，而是墙上的孔。"钻机和钻头"属于产品组合，而能多快好省地钻好"墙上的孔"才是价值主张。

在T型的下端，赢利机制→企业所有者之间，增加赢利池、资本机制、进化路径三个要素，它们一起构成T型商业模式的资本模式，用公式表述为：赢利池=赢利机制+企业所有者+资本机制+进化路径；换用文字表述为：赢利池需要赢利机制、企业所有者、资本机制、进化路径4个要素协同贡献。简单地说，赢利池表示企业可以支配的资本总和，主要有资本存量和赢利池容量两个衡量指标。这里的资本指广义的资本，包括物质资本、货币资本和智力资本等内容。

赢利机制是指企业通过产品组合实现赢利以建立竞争优势的原理及机制。例如，在吉列的刀架+刀片产品组合中，刀架作为耐用品卖得很便宜，甚至可以赠送，而刀片作为耗材卖得很贵。顾客们时常买刀片，企业就获得了可观的利润。

在这里，企业所有者名义上是指全体股东，而实质上发挥作用的是有权决策对外股权融资、股权激励、对外投资合作等资本机制层面操作事项的一个人或一个小组，具体到企业现实的决策场景，往往是企业掌门人、创始人或核心团队掌管了这些决策权，而股东会、董事会等往往是一个正式的法律形式。

资本机制类似于资本运营，主要指企业所有者通过对外融资、股权激励、对外投资等资本运作形式，为企业引进资金、人才等发展资源。

进化路径是指商业模式发展演化的轨迹。例如：1999年时，阿里巴巴的商业模式主要是中小企业批发贸易电商平台（现称“1688”），后来逐渐进化形成了淘宝、支付宝、天猫、菜鸟物流、云计算等诸多商业模式的组合。

以图示化形式呈现的T型商业模式全要素图，方便于评判、设计、改进、优化和创新企业的商业模式。2018年，大家曾为华为、中兴是否要完全自主研制高端芯片争论不休。知名院士和著名经济学家纷纷发表自己的观点，观点非常对立，似乎各方都有自己的道理。如果用T型商业模式的创造模式四个构成要素稍微分析，可行还是不可行，明确的判断便跃然纸上（详见章节2.3中对这个问题的具体阐述）。以T型商业模式的三端定位来评判共享单车ofo项目，它的产品组合、价值主张和赢利机制都是不靠谱的。进一步用全要素图分析这个项目，发现它的支持体系也有欠缺——五位创始人叠加起来的工作经验不超过24小时；它的营销组合大多数情形下也都不靠谱，例如：以定位理论指导营销，花3 000万元在一家媒体上投放广告，花2 000万元冠名了一颗卫星，还花1 000万元请鹿晗代言等。共享单车在露天存放，本身就是广告；共享单车属于功能性产品，是骡子是马，需要拉出去遛遛，所以应该以高科技保驾护航。以适合保健品、饮料的定位理论为营销指导，ofo一再地阴错阳差，所以必然会走向衰败的。创业失败可以转变为以后成功的动力和资本。任正非43岁时人生无比失败，几乎走投无路时才开始创业。ofo诸位创始人还年轻，搞懂商业模式，继续有不可估量的前途。

在笔者已经出版的《T型商业模式》中详细阐述了以上各组成要素之间的连接关系；列举多达80个案例来详细说明创造模式、营销模式和资本模式的规律原理及其功能作用；讨论了蓝海战略、平台战略、爆品战略、定位理论等与T型商业模式的关系，既见树木也见森林地将零散的理论统一在一起；以理论结合实践的方式，给出了诸多独特新颖的商业模式创新方法。

1.3.3 T型商业模式的概要图

忽略具体构成要素，将创造模式、营销模式、资本模式构成一个T型图，就是T型商业模式的概要图，见图1-3-3（左）。视需要而定，概要图中有时也会增加一个或多个构成要素，例如图1-3-3（左）中间增加的产品组合。概要图主要用来表达T型商业模式的整体特征、动态进化原理等。

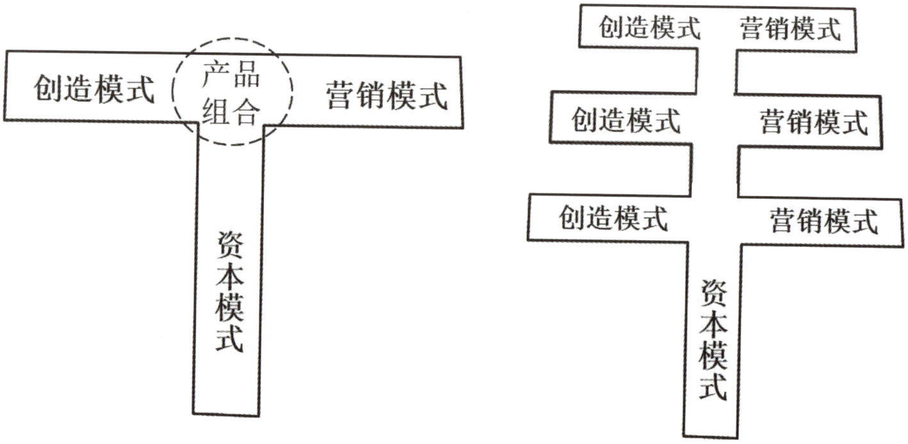

图 1-3-3 T 型商业模式的概要图（左）及多事业部示意图（右）

概要图的另一个用处在于它便于表示多事业部商业模式的协同。一般来说，一个事业部就会有一个相对独立的商业模式，但是它们之间会有资本、创造或营销模式的共享。例如，阿里巴巴“履带战略”所形成的组合商业模式就类似一个一个T型的叠加。多个商业模式之间更多地共享资本模式，而各自有相对独立的创造模式和营销模式，见图1-3-3（右）。另外，概要图还便于图示核心竞争力的形成、商业模式的进化路径及企业转型等重大战略或商业模式主题。

1.4 B2B或B2C：商业模式有这么简单吗？

重点提示

※ 为什么要将赢利模式改成赢利机制？

※ 为什么说商业模式不是“如何向客户收费”？

※ “T型商业模式就像一艘轮船”这个比喻有何启发意义？

讲如何赚钱的学问，都是非常受欢迎的，商业模式是讲如何赚钱的，所以商业模式非常受欢迎。由于约定俗成或其他历史原因，谈及商业模式，就出现了很多不同的说法。

一类说法是B2B、B2C，还有成语接龙式的延长或变异，像B2B2C、C2M2B等。这种表述起源于电子商务刚刚风行的年代，进化到现在已经应用到了几乎所有行业。这种说法可以看成是商业模式的行话，主要为了交流和表达方便。否则，商业模式哪有这么简单？几个字母简单组合一下，全世界就有这么几种商业模式，完全没有研究的必要了。简单地说，做消费品生意的公司称为B2C，做工业品生意的公司称为B2B。这里的B表示Business，C表示Customer，M表示Manufacturer，2表示To的意思。如果这些行话硬要与T型商业模式联系在一起的话，表示的是企业所有者与目标客户之间的关系，见图1-4-1。

另一类说法将商业模式与赢利模式（或盈利模式）混同起来。这种说法可以看成是对过去商业模式实践经验的概括与总结。书的名字也许叫作商业模式，而实际上内容都是赢利模式列举或案例。例如：最早流传的22种赢利模式包括配电盘模式、饵与钩模式、解决方案模式等；后来的55种赢利模式主要包括合气道模式、联盟模式、众筹模式等。既然

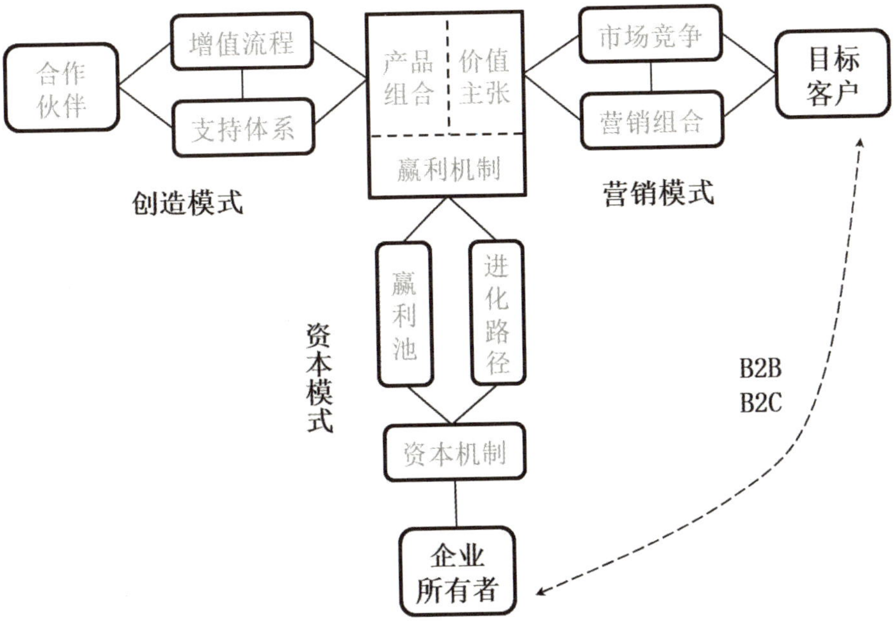

图 1-4-1 B2B / B2C 等在 T 型商业模式的对应位置示意图

是实践经验归纳，赢利模式的数量就会越来越多，从最早的22种增加到后来的55种，现在至少有上百种，未来可以有成千上万种赢利模式。

赢利模式还不能申请专利，所以作为成功经验就可以相互借鉴和模仿。彼之蜜糖，我之毒药。成功者寥寥，但失败者众多。2011年美国团购企业Groupon公司在纳斯达克成功上市后，模仿Groupon赢利模式者如过江之鲫，中国先后出现了6 700多家团购创业项目。“万团大战”后甚至没有一家依靠原来的团购业务存活下来，风险投资与创业者加在一起约100亿美元投入最终都打了水漂。

创业投资人士习惯将赢利模式简化为“如何向客户收费”。例如，在一个项目路演上，投资经理向创业者发问：“请说明一下你的商业模式，这个业务如何赚钱？”创业者答道：“我们的商业模式不依靠零售赚钱，而是按月收取租赁费，也收一次性加盟费，每年再收取技术服务费、‘过路费’‘过桥费’，类似于创新的融资租赁模式。”

ofo小黄车创业项目为什么能吸引那么多知名风险投资机构的资金？根据坊间的说法，也许创业团队把项目的收费前景讲清楚了：骑行一次小黄车，ofo扣费1元。每天平均开锁三次，一辆车年收入就有上千元。小黄车批量购买价300元左右，用户充值和199元押金就覆盖了。从赛道来说，解决最后一千米痛点，所以共享单车是刚需。中国13亿人，80%要转变为城镇化人口，全世界70亿人呢！他们都是ofo的潜在用户。有了巨大的私域流量，ofo商业模式的未来想象空间巨大，例如：搞网上商城、做智能交通、推出金融理财产品等。

短短3年时间烧掉了130多亿人民币，ofo商业模式怎么就不行了呢？共享单车是个功能性产品，敢于冒险在野外投资的创业者或投资者大有人在。如果这个商业模式真能赚钱，就会有一大批共享单车项目冒出来。如果诸多先驱创业者都变成了先烈，后续观望者就会改道换路，去追逐其他的风口。ofo小黄车平均寿命不到一年，所以折旧费也是300元。另外，往复搬运、维修、摆放、后台管理等价值链日常运维工作，折合到每辆车的年摊销费用超过了700元。因此，一辆小黄车一年赚不到1 000元，企业就是亏钱的。况且，采购价300元的ofo小黄车不是智能定位车，丢失、破损、残废、藏匿的数量超过了40%，这可是一笔打了水漂的巨款！关键是用户体验不好了，开锁了但是不能骑，扣费1元；换一辆还是如此，再换一辆……用户由爱生恨，都去排队退押金了！

学者们对典型案例的赢利模式进行概括总结，形成22种或55种“商业模式”，可以启发创业者对商业模式进行思考，但也最容易误导别人的前途。在T型商业模式中，以赢利机制来代替原来的流行说法“赢利模式”，而赢利机制也只是T型商业模式13个构成要素之一。为什么要更换赢利模式的名称？从商者为了赚钱及获取竞争优势，会利用各种机会，穷尽各种办法，对赢利的方式不断创新，所以只有可以学习领悟的赢利机制，而不存在能完全模仿、相对固定的赢利模式。

什么是正确的商业模式？很多学者给出了定义，但是还没有哪个定义被广泛认可。中外学者已经提出了30多种商业模式结构。在视野所及的范围内，笔者认为以下三种结构传播更加广泛一些：

（1）九要素画布或九宫格结构，也称为九要素画布商业模式。虽然它是一本书，但是内容就是一张图。现在流行快餐式阅读，50分钟内要看完一本书，而“九要素画布”这张图，只用5分钟就可以理解了。九要素画布结构的九个要素是：价值主张、客户细分、渠道通路、客户关系、收入来源、核心资源、关键业务、重要合作、成本结构。因为简单易懂，所以知识普及效果很好，对于商业模式的启蒙教育起到了很大的推动作用。九要素画布结构在2005年就出现了，至今一直被广泛沿用。与之前学者们的研究相比，“九要素画布”商业模式应该是一个有继承有创新的大幅度升级。

（2）魏朱商业模式是一个六要素结构，它大约诞生于2008年。它也是一张图，但有几本书来说明这个结构，便相对有了一个商业模式的理论体系。魏朱商业模式包括定位、业务系统、关键资源能力、盈利模式、自由现金流结构和企业价值六个要素。与之前的学者相比，引进现金流结构、企业价值等财务金融因素到商业模式的通用结构中，是魏朱商业模式的一个显著创新。至少在中国，魏朱商业模式有一个比较广泛的传播，为推动盈利模式进化到商业模式认知起到了重要作用。

（3）两个四要素结构，一个是由客户价值主张、赢利模式、关键资源、关键流程四个要素构成；另一个的四个要素分别是客户、价值主张、价值链、盈利机制。不知什么原因，虽然这两个四要素结构颇有些来头，但是没有被大家显著提及和广泛传播。

《商务模式创新》这本书于2004年8月出版，应该是中国最早论述商业模式的专业书籍。为写作本节内容，笔者找到了一本该书的二手书，阅读后发现该书提出的诸多观点还是比较有实践意义的。

不限以上的列举，每一个能广泛传播的商业模式理论，首先它应该自成体系、能够自圆其说，然后对实践者要有一定的启发和指导意义。

笔者充分借鉴和吸收前人的研究成果，“站在巨人的肩膀上”，结合自己的工作实践，提出了T型商业模式理论。

T型商业模式有13个要素，与其他商业模式理论相比，主要增加了资本模式及完善了交易主体。资本模式为创造模式、营销模式的“往复循环”进行赋能、借能和储能，以形成增长战略所必需的“飞轮效应”。T型商业模式的交易主体包括企业所有者、合作伙伴、目标客户三方。竞争者不是无关的旁观者，是交易主体重要的利益相关者，所以也增加了市场竞争这个要素。这样构造的商业模式，就像一艘轮船，有了人物角色，有了驱动的能源，就可以被驱动并驶向战略目标了。

除此之外，已经出版的书籍《T型商业模式》第8章还阐述了T型商业模式的七大创新特色，有兴趣的读者可以参考该书进一步全面理解T型商业模式。

1.5 寻找那个超越生命周期的独角兽

重点提示

※ 独角兽的生命周期应该包括哪几个阶段？

※ 让商业模式与战略共舞，能为企业带来哪些改变？

※ 哥德尔不完备定理对我们企业经营者有什么启示？

总结而言，笔者提出的T型商业模式理论，可以从三个方面溯源：第一，追溯到原始社会的物物交换，寻找商业模式的起源。从买方、卖方和供应商三个亘古未变的商业交易主体出发，构建T型商业模式的定位图，然后填充现代商业活动的核心内容，形成T型商业模式的全要素图。第二，充分借鉴和吸收中外学者对商业模式的开创性研究，“站在巨人的肩膀上”，结合自己的工作实践和思考，比较系统地提出了T型商业模式理论。第三，将战略中属于商业模式的内容分离出来，不仅丰富商业模式的理论体系，同时为门派众多、混沌纷繁的战略理论“减重”。这样，商业模式与战略共舞，为企业创造更多赢利，持续提升企业价值，从而让更多的企业成长为一个“独角兽”！

硅谷的投资家将创办时间相对较短（一般为10年内）、估值迅速达到10亿美元以上的创业公司称为“独角兽”，并将估值超过100亿美元的创业公司称为“超级独角兽”。“独角兽”高贵而稀缺，创业者、投资商及相关媒体开始“共谋”，一起创造“独角兽”。随后，各种各样的独角兽企业排行榜，一个一个出炉了。

巴菲特曾说：“当大潮退去，才知道谁在裸泳。”进入2019年后，没有收益的独角兽企业遭到市场集体抛弃。美国公司WeWork还没上市，估值已经跌去80%；Lyft和Uber虽然上市了，但是从上市开始，股价就一路走低，多次暴跌。中国公司ofo、尚品网、熊猫直播等昔日辉煌一时的独角兽企业，有的已经破产，有的正在迅速衰落。

还有更多的公司，义无反顾，走在快速成为独角兽企业的路上，期望更短的时间实现首次公开募股（IPO），再破世界纪录！

仅仅是“快速”，并不会带来持久的幸福感！我们都崇尚把企业办成百年老店，一代传承一代，做时间的朋友，实现基业长青。这样看来，独角兽企业的评判标准是否应该修改一下？没有征求（似乎也无必要）硅谷投资家的同意，笔者将独角兽企业的评判标准修改为：存续至少10年，估值（或市值）达到10亿美元以上且依靠核心竞争力正在实现持续增长的公司。关于这个标准的相关解释，可以参见章节4.3的内容。

存续有10年时企业才算进入青年期，而之前用资本催熟的办法提前让企业进入青年期，副作用实在是太大了。企业也有青年期，的确如此！企业是人为构造的人–机系统，每天都面临着生死存亡的竞争，所以像人一样也有一个可以划分为几个阶段的生命周期。

美国管理学家伊查克·爱迪思（Ichak Adizes）是企业生命周期理论的创立者。爱迪思曾用20多年的时间研究企业如何创立、发展、老化和衰亡。在1988年出版的书籍《企业生命周期》中，他把企业生命周期划分为十个阶段，即：孕育期、婴儿期、学步期、青春期、壮年期、稳定期、贵族期、官僚化早期、官僚期、死亡。

研究辅导了上千家企业后，爱迪思把企业生命周期划分为以上十个阶段，确实有点太多了，不方便记忆和传播。后来，有人把这十个阶段简化为创立期、成长期、成熟期、衰退期四个阶段。至今，说起企业生命周期，广泛流传和实践应用的也是简化后的这四个阶段，并且通常还配备一个类似于抛物线的曲线，放在直角坐标系内——横轴表示时间，纵轴表示销售额或企业价值，见图1–5–1。

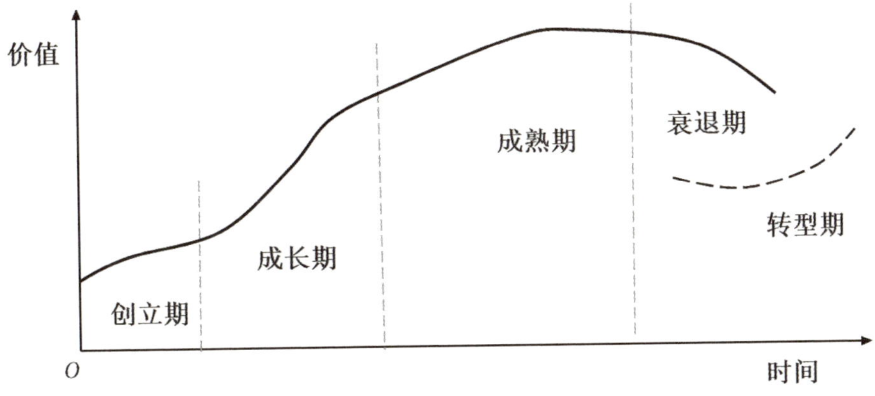

图 1-5-1 企业生命周期

爱迪思提出的企业生命周期理论，应该能给我们的理论研究和企业经营更多启发。

商业模式诞生较晚，至今还没有一个被广泛认可的理论体系。企业战略有近百年历史，相对成熟一些。没有商业模式的年代，并不是它不存在，而是一直由战略代之。就像大学的专业分为理科与工科，企业战略等管理学相关学科自身也可以分为理科部分与工科部分。战略管理的诸多学派、模型工具及由此集结而成的战略研究属于理科部分。而长期以来，战略研究的工科部分备受冷落，除了一些战略咨询公司的点滴贡献，学院派战略研究者介入较少。哈佛商学院的案例教学比较知名，全球各地商学院纷纷引进与效仿。案例教学不能算工科部分。因为理论不容易讲透彻，所以要用案例教学。另外，案例教学让听课者都参与，所以大家有参与满足感，然后授课时间就会流逝得快一些。案例教学是为了把理论学好，但是企业经营者不能随便模仿学过的案例。彼之蜜糖，汝之砒霜。

战略研究的理科部分过剩，而工科部分缺乏，导致剃头挑子一头热，众多或原创或杂合的战略理论难落地。企业经营者在战略实践中继续经验主义或盲目地随机试错。所谓战略研究的工科部分，就是如何将战略理论落地，如何结合具体经营场景提出战略应对方案，如何结合企业的内外部状况制定战略规划，并以工程化、项目化方式保障战略方案的实施。

企业生命周期各阶段就是粗线条的企业经营场景。在创立期、成长期、成熟期、衰退期各阶段，企业战略应该有所不同。在《企业生命周期》一书中，爱迪思生动地描述了每个阶段的特征，并提出相应的战略对策，告知企业经营者如何判断出现的问题，如何安排结构、人员和制度，以便让组织充满竞争力和活力。无疑，这更像战略研究的工科部分。进入21世纪，如何让战略落地以指导复杂多样的实际经营场景，已经引起一些战略学者或专家的关注，由此涌现出许多关于企业战略管理的新理论。尽管这些新理论或许属于企业生命周期理论的补充、升级或延伸，或许更加贴近经营场景，能够更加有效地指导企业战略实践，但是它们中的绝大部分还是将战略与商业模式二者不加区分地混合在了一起。

商业模式从战略中分离出来后，也应该在企业经营实践中落地。在本书中，我们更多关注独角兽企业在生命周期各阶段的商业模式构建与进化发展情况。

独角兽企业稀缺而高贵，应该追求可持续发展，生命周期应该与众不同。笔者将独角兽企业的生命周期划分为创立期、成长期、扩张期、转型期四个阶段。如果在转型期，成功开启第二业务增长曲线，企业就可以进入下一个生命周期循环。成为独角兽企业，应该追求更多的生命周期循环。

在企业创立期，让商业模式顺利诞生并有健康的生命力是第一战略任务，因此首先应该对商业模式定位。所谓定位定天下！可以将定位比作穿衣服时系第一个扣子。如果第一个扣子系错了，后面下的功夫都是白费。T型商业模式定位重点是对产品组合定位（简称为产品定位），包括产品组合差异化、三端定位、优化迭代等内容。本书第2章重点介绍了三端定位模型，列举了4个成功实施三端定位的案例和3个不太符合三端定位的案例。另外，从产品竞争升级到商业模式竞争，笔者对相关定位理论实施乾坤大转移。像波特竞争战略、蓝海战略、特劳特定位（或里斯定位）、产品思维、品牌理论、平台战略、爆品战略、STP理论等，它们原来大部分都属于战略范畴的定位理论，现在将它们归为商业模式定位的范畴。这些传统而经典的定位理论，实质上属于单端定位，聚焦于让产品差异化，避开竞争以吸引目标客户购买。而三端定位是从目标客户、合作伙伴、企业所有者三个交易主体（T型商业模式的三端）的能力资源及利益诉求出发，协同一体对产品组合进行市场定位。

在企业成长期，实施增长战略就要持续创造顾客，而不仅是依靠资本补贴讨好获取顾客。如何持续创造顾客？本书第3章讲得明白，T型商业模式的创造模式、营销模式及资本模式三者构成了一个飞轮增长模型。这里用作比喻的飞轮是一个机械装置，启动时费点力气，旋转起来后就很省力，并且越转越快。在创造模式、营销模式及资本模式各自的构成公式中，蕴藏着实现创造、营销、资本的第一性原理，并引用了安索夫、德鲁克、熊彼特的相关学说，进一步印证商业模式与战略、创新理论不可分割的联系。为实现持续创造顾客，笔者提出的另一个增长模型是五力合作模型。以庆丰之“五力合作”消解波特之“五力竞争”，正如小米创始人雷军所说，“把朋友搞得多多的，把敌人搞得少少的”。

在企业扩张期，通过商业模式进化促进实施产品组合扩张与延伸战略，需要打造企业核心竞争力。本书第4章重点介绍了SPO核心竞争力模型和T型同构进化模型。核心竞争力理论属于战略还是属于商业模式？原来属于战略，现在属于商业模式，至少应该两者共有。SPO模型给出了核心竞争力的构成要素、阐述了核心竞争力的构建方法和形成过程，解决了原来战略能力学派的核心竞争力理论无法落地的瓶颈问题。T型同构进化模型给我们的启示是，企业的根基产品组合好比一棵大树的树干，树干越强壮，上面的树冠（进化形成的产品组合家族）才会丰满茂盛。另外，笔者认为独角兽企业实现基业长青，需要贯彻保守主义价值观，在章节4.4中给出了基本的指导思想和初步的理论模型。

在企业转型期，实施转型创新战略的核心是如何开辟第二曲线业务，通过创新让商业模式顺利实现新旧交替，跨过非连续获得重生。本书第5章重点介绍了指导企业转型的双T连接模型及其三项原则、五个步骤。

以上是本书第2、3、4、5章的重点内容，而图1-5-2是对这些内容的概括性、示意化表达，这个图示的具体解释在章节6.3中给出。

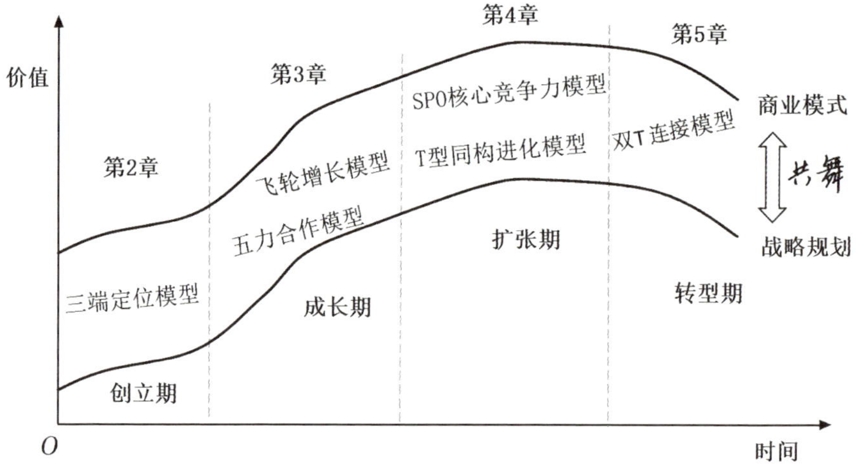

图 1-5-2　商业模式与战略共舞为企业创造价值示意图

根据哥德尔不完备定理，找到所关注对象的上一级系统，才可以完整地观察和论述这个对象。本书第6章推导出商业模式、战略的上一级系统是庆丰赢利系统，它的基本运行原理可以表述为：经管团队驱动商业模式，沿着战略规划的路径发展与进化，实现各阶段战略目标，最终达成企业愿景。有了庆丰赢利系统，顺便也解决了彼得·圣吉在《第五项修炼》提倡我们系统思考，但是长期缺乏可供思考的“系统”这个历史性难题！

本书第7章可以看作是附赠的“餐后甜点”。在个体崛起时代，每个人都可以看成由一个人构成的公司，所以也需要一个独特的商业模式。仿照企业，个体独角兽也是成立的，也可以有个体独角兽排行榜，像搞出微信的张小龙、阿里巴巴CEO张勇、科幻作家刘慈欣、北京公交李素丽、菜鸟网络董事长童文红等都可以上榜！在第7章的“餐后甜点”，笔者将以几篇短文的形式揭示个体独角兽的若干成长秘籍。

千里之行，始于足下；格物致知，砥砺前行。探索之旅现在开始，让我们共同寻找那个超越生命周期的独角兽！

第 2 章

创立期：产品组合如何定位？

本章导读

在创立期，重点关注商业模式定位。

创业或新产品开发失败率这么高，主要原因是产品定位有问题。不能说谁的“嗓门”大，谁就是定位理论的代表。像波特竞争战略、蓝海战略、特劳特定位、产品思维、品牌理论、爆品战略、STP理论等，它们都是产品时代经典而有效的定位理论。

在商业模式竞争时代，定位理论需要更新。T型商业模式定位包括三个部分：产品组合差异化、三端定位、优化迭代。由此来看，当今商业模式的定位比产品时代的定位增加了维度和复杂度。归根结底，产品时代的定位理论属于单端定位或产品组合差异化的一种方法，并不是完整意义上的商业模式定位。

单一产品实施差异化太难了，解决方案是上升到产品组合差异化。单端定位容易造成“一叶障目，不见泰山”，本章重点介绍了三端定位及相关案例。

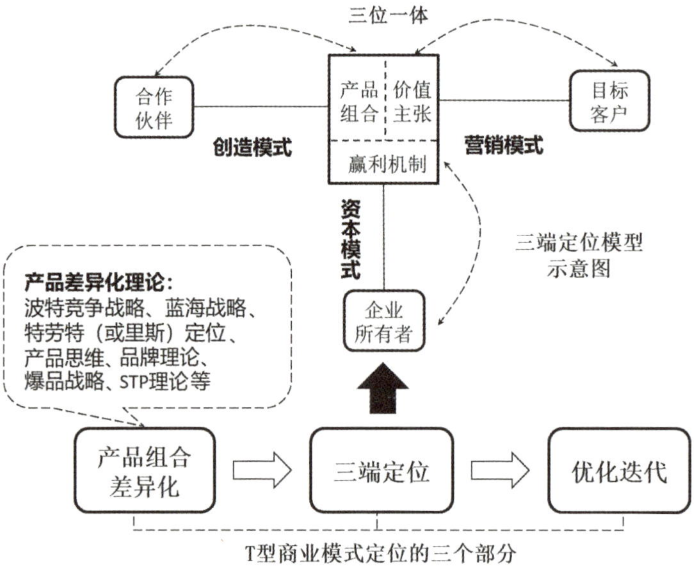

【第 2 章 重点内容提示图 】

商业模式定位与产品差异化理论的区别与联系

2.1 三端定位：让创业及新产品开发更靠谱！

重点提示

※ 为什么说创业项目出现“C轮死”成为新常态？

※ “免费+收费”商业模式中隐藏着哪些经济学原理？

※ 以三端定位分析，腾讯拍拍网失败的原因是什么？

一个企业的成功创立首先是产品能在市场上立足，即有一个正确的产品定位。这里的产品是一个泛称，既包括实物产品、虚拟产品、服务等，也包括商业模式中的产品组合。

换句话说，创业或新产品开发失败率这么高，主要原因是产品定位有问题。一说到定位，很多人会想到特劳特定位，显然我们的心智已经被“外来物种”占领了。为了区别起见，将T型商业模式的定位称为产品组合定位，但为了沟通方便，简称为“产品定位”。

按理说，创立一个新企业，研发一个新产品，如何成功定位获得市场认可、最终能否诞生与存活应该是首要的战略问题。但是，当下时代，大家似乎忽视了产品定位，愿意把人财物力直接投入到增长战略。有了风险投资对风口创业的追捧，创业公司通过对客户疯狂补贴似乎就可以实现增长了。这样的创投案例比比皆是。依靠资本对客户补贴实现增长，这样持续烧钱一阵子，最终也会证明产品定位是否正确！遗憾的是，当产品定位失败、创业黔驴技穷的时候，风险投资也会对原来追捧的项目避而远之，所以创业项目出现“C轮死”成为“新常态”！

为了避免“C轮死”，一些创业项目与投资商约定好，将B轮融资不断延长，所以奇葩地出现了B1轮、B2轮……甚至有B9轮以上融资的新闻报道。形式掩盖不了实质，每年总有不少独角兽企业，因为不能持续经营而消失了。独角兽企业是创业群体中的“高贵生物”，如何避免昙花一现式的伪增长？

在创立期时，企业必须对投放市场的产品进行认真定位。为什么要定位？拿穿衣服系扣子来比喻，系好第一个扣子就是定位。如果第一个扣子系错了，后面下的功夫都是白费。

企业是个生命体，与自然界的生物一样，同样是适者生存。实施商业模式定位时，首先要有一个差异化的好产品（产品组合），然后通过三端定位为产品组合找到一个适合的市场位置，最后通过不断优化迭代，让产品组合在市场环境中存续下来。

2.1.1 产品组合如何实现差异化?

在回答这个问题之前，我们先讨论一下产品组合这个概念。T型商业模式中的产品组合包括三大类：产品关联组合、产品模块组合、产品战略组合。产品关联组合是指两个以上的产品在功能互补上的组合，例如：吉列的“刀架+刀片”组合、盒马鲜生的“餐饮+超市”组合、斯沃琪手表的产品金字塔组合等；产品模块组合是指产品的构成组合，例如：海底捞的“火锅+‘变态’服务”组合、教育机构的“高收费课程+文凭”组合、奔驰汽车的“驾驶功能+品牌身份”组合等；产品战略组合是指在战略规划期间企业按照时间顺序陆续推向市场的一系列产品组合，例如：苹果公司近些年来陆续推出的从iPod到iPhone、iPad系列的产品组合。需要说明的是，根据往下兼容的原则，单一产品也属于产品组合，是产品组合的一种最简单形式。

对产品组合进行初步解释后，下面我们简述一下如何对产品组合进行差异化。

首先，由于产品组合是由单一产品或功能模块组合而成的，所以对单一产品（或构成模块）差异化是对产品组合进行差异化的主要途径。如何让产品实现差异化，传统战略理论已经给出了不少方法。像波特竞争战略、定位战略、蓝海战略、爆品战略、平台战略等层出不穷的原先归为战略的相关理论，其实它们都是为了让产品与众不同——归根结底是让企业的产品实现差异化。

其次，不能闭门造车地实施对产品组合的差异化。顾名思义，产品组合就是多个单一产品或功能模块组合在一起，其存在本身就是差异化的。从一维产品到多维产品的组合，可以实现差异化的途径实现了乘数级增长。但是，产品组合差异化的可选项太多，而成功的可选项往往只有一个或寥寥几个。实施产品组合差异化创新风险更大了，所以很容易导致企业在创立期失败。产品组合最终要找到目标客户，并与各类竞争者的产品一比高低。因此，对产品组合差异化时，有必要先通过五力竞争模型、SWOT模型、行业研究等理论工具进行相关分析与探究。

除此之外，如何对产品组合整体进行差异化？下面主要从经验方法、直觉方法及科学规范方法三个方面简要阐述。

一是借鉴那些历史案例的成功经验进行产品组合差异化。例如：雀巢公司的“咖啡机+咖啡胶囊”产品组合就是借鉴吉列公司的“刀架+刀片”产品组合。现在“刀架+刀片”组合已经裂变出很多变异形式，在各行各业都有采用。例如：苹果公司采用了相反的“刀架+刀片”组合逻辑，手机硬件卖得很贵，而常用的应用软件售价较便宜。截至目前，已经有近百种常见的产品组合形式，大部分以赢利模式的名称出现。比较常见的一些产品组合形式，见表2-1-1。

二是依靠创新者的直觉进行产品组合差异化。1999年，电脑零售商袁亚非从南京到深圳出差，偶然进入当时国内首家沃尔玛大卖场购物时，立即被宏大的售货场面所震撼！震撼后袁亚非灵感涌现，创造性地设计了著名的“王大妈”（WDM）商业模式。回到南京，他把沃尔玛（Walmart，W）的大规模连锁、戴尔（Dell，D）的个性化定制和麦当劳（McDonalds，M）的标准化服务结合到一起，开设了第一家宏图三胞IT连锁大卖场。依靠“王大妈”商业模式，后来的宏图三胞成长为三胞集团，陆续拥有了多家上市公司。直觉有天赋的成分，与触景生情、急中生智有关系，但主要还是依靠勤学苦练、举一反三。

三是依靠科学规范的创新方法进行产品组合差异化。例如，“免费+收费”是一个用途广泛的产品组合差异化方法，像奇虎360杀毒、淘宝商城、罗辑思维、腾讯的微信等实质上都是采用了“免费+收费”的产品组合差异化方法。有的创业公司也搞“免费+收费”，最终很难成功，原因何在？因为这里的免费或收费都是有讲究的。首先，免费产品应该是非实物的虚拟产品，它的特点是边际成本趋于零，像罗辑思维每日广播、360的杀毒软件等，一人使用和一亿人使用，成本几乎不增加。其次，让免费产品成为目标客户的高频刚需。最后，让免费与收费产品互动营销起来！免费连接着收费，这样的免费才有意义。另外，收费产品的讲究也很多，比如收费产品可以形成产品金字塔——通过低端产品获得巨大流量、中端产品赢利、高端产品塑造品牌，也可以将边际成本递减或边际收益递增等经济学原理植入收费产品之中。

依靠科学规范的方法进行产品组合差异化创新，还有巨大的空间值得研究和探索，这也是未来商业模式创新的热点和价值所在。

表2-1-1 常见的产品组合搭配、差异化特点与相关案例

序号	产品组合名称	特点及案例
1	刀架+刀片	基础产品便宜，耗材贵。吉列剃须刀、惠普打印机与墨盒
2	免费+收费	免费引来流量，收费创造效益。360杀毒、微信、罗辑思维
3	产品金字塔	低端产品促销，中端产品赢利，高端塑造品牌。斯沃琪手表
4	功能产品+品牌	功能保底，品牌溢价。可口可乐、奔驰、耐克、格力、老干妈
5	整体解决方案	系统集成溢价。EPC / BOT / EMC等工程总承包类企业、拓璞数控
6	产品+服务	产品低价+服务年费。ERP软件
7	硬件+软件	硬件保证性能，软件创造体验。小米手机、数控机床
8	产品+金融借贷	分期付款促进销售+利息收入。利乐包装、产品租赁 / 分期付款
9	产品+速度 / 时尚	更新换代溢价。时装、英特尔芯片、苹果手机
10	产品+心智定位	心智定位促进销量。加多宝
11	产品组合乘数	共享流量、品牌或支持体系。迪士尼、阿里巴巴、宝洁、银行
12	店中店混业	满足客户多种需求。盒马鲜生、85度C
13	介入客户价值链	客户必须采购。盈德气体、7-Eleven、写字楼投币咖啡
14	产品定制化	匹配体验溢价。红领西服、高端定制、特色建筑设计
15	培训+证书	身份资格溢价。MBA教育、钢琴考级、职业资格培训
16	介入供应链	入股供应商或共担风险。丰田汽车、波音飞机
17	ODM+自有品牌	品牌辉映溢价，规模效益。石头科技、展翠食品
18	整机+核心零部件	技术与市场双重控制。睿创微纳、海康威视
19	差异化服务	服务边际成本递减。海底捞、海尔
20	自营+平台	品牌与流量共享与增强。京东商城、当当网
21	产品+VIP会员	固化高端客户。航空公司、高尔夫球场、高端会所

2.1.2 通过三端定位为产品组合找到一个适合的市场位置

严谨而言，上述实施产品组合差异化还不是产品定位。或者说，对产品组合差异化还只是一种主观意义上的产品定位；或者说，它只是产品定位的一部分内容。产品定位并不如想象的那样简单！对产品组合差异化后，还会有很多导致定位失败的问题。例如：对产品的主观想法或这样设计产品组合，客户未必买账或者不能形成持续稳定的销售。也可能有客户购买，但由于竞争导致企业长期不能赢利。还有可能这样的产品组合找不到合作伙伴，导致产品制造不出来等。

要避免以上问题的出现，就必须对产品组合进行客观意义上的定位，在T型商业模式中叫作三端定位。三端定位采用的主要工具是T型商业模式的定位图，也可以称之为三端定位模型，见图2–1–1。

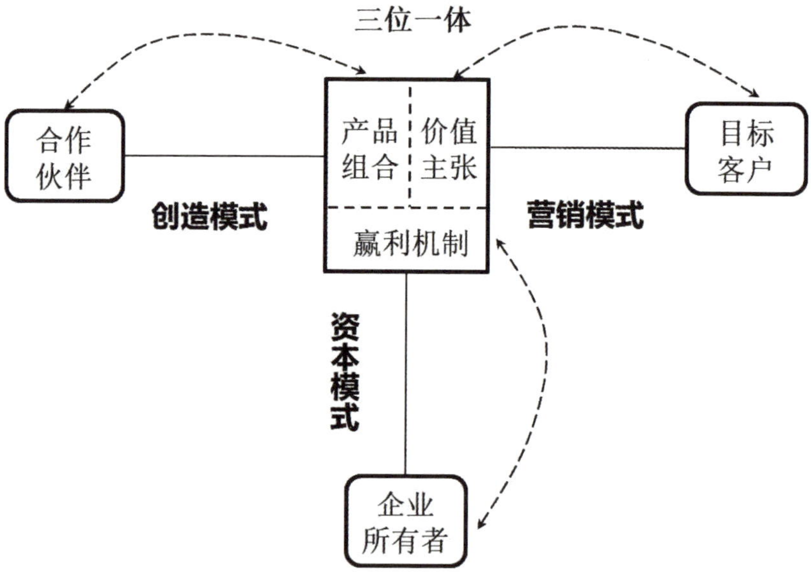

图 2–1–1 三端定位模型示意图

如图2-1-1所示，三端定位模型共有六个要素，可以分为两组：目标客户、合作伙伴及企业所有者是一组，代表商业模式的主要交易主体；价值主张、产品组合、赢利机制是一组，代表各个交易主体的利益诉求。

所谓三端定位是指从目标客户、合作伙伴、企业所有者三个交易主体（T型商业模式的三端）的能力资源及利益诉求出发，协同一体对产品组合进行市场定位。通过三端定位，为产品组合找到一个适合的市场位置。

在已出版书籍《T型商业模式》章节5.1中有一个三端定位原理，可以说明三端定位模型所依据的基本原理。三端定位原理是这样表述的：对产品组合定位是商业模式定位的主要内容。定位是创建或优化产品组合的一系列循环往复的多要素协同活动，可以从目标客户、合作伙伴、企业所有者等利益相关者的任何一端开始，并与另外两端协同一致，最终达到创造模式、营销模式和资本模式所属构成要素的协同匹配。这里的利益相关者与交易主体意思差不多，利益相关者还包括行业竞争者、替代品竞争者等，它比交易主体的范围更大一些。

根据三端定位原理，无论从目标客户、合作伙伴、企业所有者中的任何一端开始为产品组合定位，都要与另外两端协同一致。三端定位是对产品组合差异化的进一步评价和优化，以便为它们在市场上确立一个有竞争优势的位置。我们在进行产品组合差异化时，由于主观认识局限，通常不会周全地考虑满足全部交易主体的诉求。也就是说，主观的产品组合差异化通常是单端定位，而不是三端定位。

例如：STP理论是从目标客户需求出发，来确定企业的产品组合。客户需要什么，企业就搞什么！产品思维、产品经理的相关理论也是这个逻辑顺序。但是，有些目标客户的需求，并不能转化为企业的产品组合，原因是企业不具备开发、制造这个产品的能力或者不如竞争对手在这方面更有优势。像高端芯片等高科技产品，如果用STP理论为企业开发新产品或开拓新项目进行定位指导，就会带来巨大风险。

企业家的豪情万丈也是一种单端定位。从三端定位模型来看，它是从企业所有者这一端发起的产品定位。企业家牟其中先生曾有一个语惊四座的商业创意：把喜马拉雅山炸开一个大口子，将大西北变成“塞上江南”！即使这个创意变成现实，大西北也难变绿洲，倒可能引起巨大的工程开销、生态环境恶化及控制不住的洪涝灾害。回顾过去，依靠企业家的豪情万丈进行产品定位，确实有一些成功案例，但是大部分后来又失败了。

从合作伙伴及企业自身的能力和资源出发进行产品定位，也是一种单端定位。2006年时，腾讯公司依据自身有6亿QQ会员流量的巨大优势上线了一个拍拍网。拍拍网与淘宝网类似，都是电子商务网站，属于平台型商业模式。在腾讯手里，拍拍网一直搞不好，持续亏钱。2014年腾讯战略投资京东时，将拍拍网“陪嫁”给了京东。后来不长时间，京东找了个冠冕堂皇的理由就把拍拍网关闭了。为什么腾讯搞不好拍拍网？主要原因是定位问题，失败在单端定位而非三端定位。没错！腾讯有6亿多QQ会员流量，那又怎么样？对于C2C网站来说，它们可以是合作伙伴，也可以是目标客户，但是价值主张呢？没有与淘宝网差异化的能吸引目标客户的价值主张，拍拍网这个后来者怎么可能有竞争优势！不仅目标客户这一端价值主张有问题，而且企业所有者这一端也有问题。拍拍网是个创业项目，面对淘宝等强大的竞争对手，拍拍网缺乏领军人物。让职业经理人搞创业，激励机制又不到位，其结果必然不尽如人意。

对于三端定位来说，价值主张、产品组合、赢利机制之间是三位一体的关系，任何一个都不可缺失或割裂。也就是说，一个产品组合既要企业与目标客户合作能够创造出来，也要有差异化的价值主张能够很好地满足目标客户的需求，还要具备赢利机制为企业所有者创造价值。只有这些交易主体的利益诉求达到了三位一体，产品组合定位才可能成功。为了加强说明效果，本章第2节列举了四个成功实施三端定位的案例，第3节列举了三个不太符合三端定位的案例。

根据三端定位原理，为产品组合定位是一系列循环往复的多要素协同活动。构建一个创新的产品组合，是一个不断改进与优化的过程，不仅起初要对产品组合进行差异化，而且通过三端定位模型或根据三端定位原理，还要不断对产品组合进行优化和改进。产品组合中有新产品，这个新产品要不断升级换代；产品组合中添加了新成分，新旧成分之间要不断磨合优化等。

阐述至此，三端定位中似乎没有考虑到竞争对手的存在。其实，在最初对产品组合差异化时，就要用五力竞争模型等工具分析产业结构中的竞争力量。所谓差异化，就是让企业的产品组合与竞争者的有所不同。在三端定位中，每一端定位都要考虑到竞争对手的影响。创造产品组合时，要与竞争对手有所不同；设计价值主张时，要独特而有亮点，比竞争对手的产品更有吸引力；构建赢利机制时，要有护城河和保护壁垒。三端定位的重点还是在各方交易主体的利益诉求达到三位一体，同时避开与强大竞争对手的直接竞争。三端定位也是为产品组合聚集相关合作力量。虽然竞争不可避免，但是当合作力量大于竞争力量时，竞争就不可怕了。

2.1.3 通过不断优化迭代，让产品组合在市场环境中存续下来

产品组合差异化与三端定位模型是商业模式定位理论性的一面，而现实情况与理论探索常常存在一定差距。并且，当产品组合推向市场后，有可能引起竞争对手的打压或模仿，目标客户的需求也会有所改变，企业自身的资源能力也在不断变化等。这些相关的内外部环境因素一直在变化。只有通过不断优化迭代，产品组合才能在市场环境中存续下来。关于如何对产品（产品组合）进行优化迭代，可以参考精益创业、产品经理等相关理论的具体阐述。

有个说法叫作“定位定天下”！可见，在企业创立期商业模式定位有多重要！综上所述，商业模式定位主要是对产品组合定位，它包括三个部分：产品组合差异化、三端定位、优化迭代。

2.2 案例分析：吉列 / 耐克 / 罗辑思维 / 名创优品

重点提示

※ 为什么吉列“刀架+刀片”组合能提高顾客忠诚度？

※ 耐克运动鞋如何能做到“高售价+低成本”？

※ 罗辑思维有哪些赢利的门道？

本节以吉列、耐克、罗辑思维和名创优品四个公司为实例，来协助我们理解三端定位的内在原理。吉列与耐克是两个美国企业，它们都是各自领域中的龙头，都属于产品制造类企业，也都是各个行业中商业模式创新的典型案例。罗辑思维和名创优品是两个中国企业或中国人创办的企业，它们只有不到10年的经营历史，分别属于知识付费和新零售领域，通过商业模式创新都成为独角兽企业。

案例1：吉列公司完全掌握了全世界男人的胡子

颠覆式创新很了不起！例如：数码相机替代了胶卷相机，智能手机替代了功能手机。20世纪初，美国人吉列也搞了一次颠覆式创新，将原来笨拙的整体式剃须刀拆成了刀架与刀片分离式剃须刀。按说这也不算什么高新技术，是任何一个钳工或打铁匠都可以弄成的事，但是吉列先生把它搞成了一个跨国公司。1917年，吉列的剃须刀片销售了1.2亿片，在美国市场占有率达80%。2005年初宝洁以570亿美元收购吉列时，吉列剃须刀的全球市场占有率达65%。难怪有人说 “吉列公司完全掌握了全世界男人的胡子”。

“刀架+刀片”组合是一个经典的商业模式创新，它是苹果手机、雀巢咖啡胶囊等诸多商业模式创新的老祖宗。下面我们用三端定位的六个要素及相关原理来评价一下吉列的商业模式，见图2–2–1。

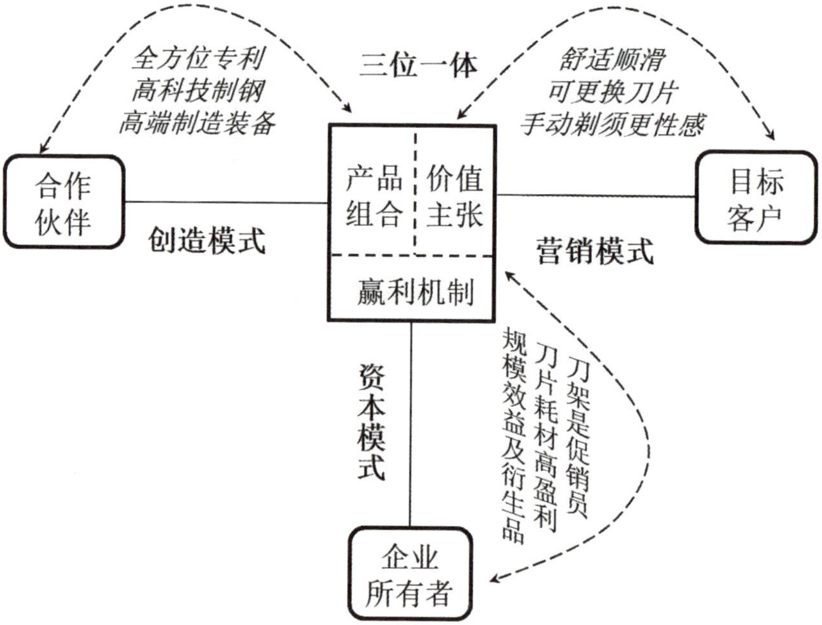

图 2–2–1 吉列 “刀架＋刀片”产品组合三端定位模型示意图

1901年之前的整体式剃须刀，虽然能用好多年，但是刮几下胡须就要磨一下刀，所以那个时期的男人要么学会磨刀，要么到理发店花钱剃须，否则就要满脸长着大长胡子。瞄准那个时期男人的痛点，吉列先生发明了刀架与刀片分开的新型剃须刀，并随后创办了美国吉列公司。他将造型优美的刀架卖得很便宜或促销赠送，但一次性刀片价格较高。吉列的刀架与刀片构成专用配对，不与其他兼容，所以拥有刀架的人就要持续购买吉列的刀片。

吉列产品的目标客户起初是美国成年男性，很快拓展到其他发达国家的成年男性，再后来瞄准全世界的男性和女性。吉列“刀架+刀片”产品组合含有的价值主张首先解决了当时目标客户剃须的痛点，然后吉列公司持续巨额投入搞技术创新，不断推出更舒适顺滑、极致好用的可更换剃须刀片，坚持让目标客户爱不释手，心无旁骛。面对电动剃须刀的替代冲击，吉列通过改善产品设计、请明星代言等措施，又塑造了使用吉列产品手动剃须更性感的新价值主张。

备受顾客喜爱的吉列“刀架+刀片”产品组合，其品质保证源自其拥有世界一流的制造装备、管控体系和高端材料合作伙伴。吉列刀片生产工厂的高科技装备堪比宇航设备制造工厂的科技水平与层次。在刀片用钢方面，吉列的主要合作伙伴是一家瑞典高科技制钢公司。为了向特朗普政府申请关税豁免，吉列的申请书中有这样一句话：“我们与瑞典供应商共同研发一款非常特殊的钢材，并以此原料为基础制成高品质产品，而这正是我们品牌成功的关键因素。”

“刀架+刀片”产品组合含有的赢利机制有什么值得我们借鉴之处？刀架便宜但发挥着促销和持续促进客户购买刀片的职能；刀片专用且毛利率高，具有高体验且价格敏感度低，属于长期耗材，销售量大，具有规模经济效应。“刀架+刀片”是一个产品组合，顾客一旦使用吉列的产品，就自然成为忠诚客户，源源不断地为吉列贡献利润。吉列不仅有先发优势，而且企业所有者（简称“企业”）不惜投入巨资进行技术创新和产品开发，不断为技术创新申请专利，一道一道的专利保护让竞争者不能轻易进入。例如，吉列公司于1998年推出的锋速3新型剃须刀，花了六年研究时间，耗费了十亿美元开发成本，申请了“全副武装”式保护的各种专利。

通过以上简要分析，我们看到吉列“刀架+刀片”产品组合与含有的价值主张、赢利机制形成了三位一体，也分别高度满足了合作伙伴、目标客户和企业所有者的利益诉求。以这样的差异化产品组合及优异的三端定位为基础构建的商业模式，与优秀的经管团队和正确的战略规划共同形成了一个卓越的企业赢利系统。

案例2：耐克运动鞋如何做到“高售价+低成本”？

2019财年，美国耐克公司净利润40.29亿美元，产品毛利率达45%以上。耐克一家制鞋公司的年利润应该比中国泉州几百上千家运动鞋厂商的年利润总和还要高。为什么耐克公司如此赚钱？以三端定位分析，在于它的运动鞋产品做到了“高售价+低成本”——鱼和熊掌实现了兼得，见图2-2-2。

以产品模块组合这类产品组合来分析，耐克的运动鞋产品可以拆分为“运动鞋+品牌”组合。耐克通过虚拟经营，自己主要负责研发、营销、塑造品牌，而将产品制造等附加值低的价值链环节转移给合作伙伴。耐克还不断寻求并开发劳动力成本低廉国家和地区的合作伙伴，例如中国、越南等，以此来保证低成本的优势。

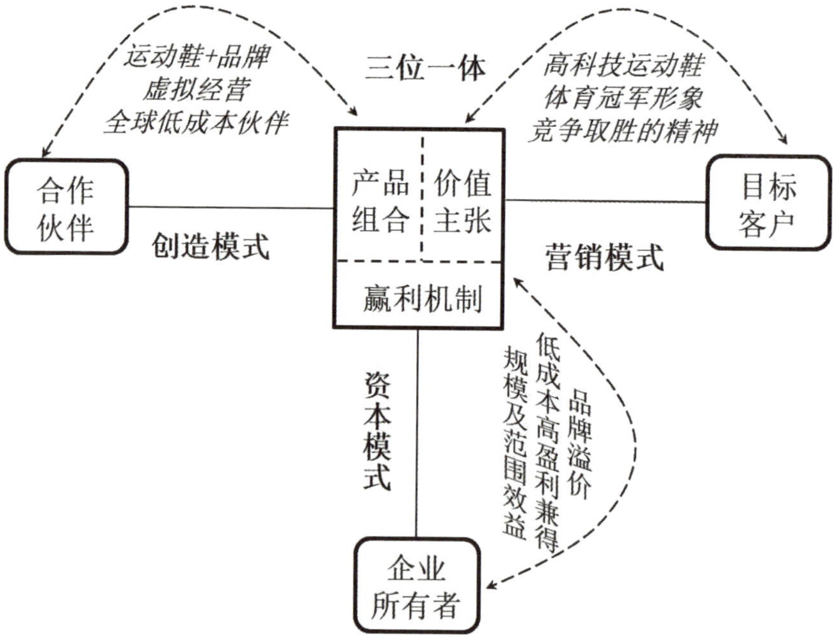

图 2-2-2 耐克“运动鞋 + 品牌”产品组合三端定位模型示意图

在“运动鞋+品牌”产品组合中，耐克注入了以下吸引目标客户购买的差异化价值主张：①耐克属于高科技运动鞋。耐克以强大的研发投入保证产品具有高科技元素、质量上乘、设计领先。例如，首创的气垫技术制造出的运动鞋可以很好地保护运动员的膝盖；采用类似于汽车涡轮增压技术制鞋可以节约人体的运动能量。②全球著名的体育运动品牌。耐克的产品不仅是一双运动鞋，里面还有一个体育冠军形象、一种竞争取胜的精神，它们共同形成了耐克的产品组合及价值主张。

从赢利机制分析，耐克运动鞋的售价是普通品牌同类鞋售价的3～5倍，与低成本结合起来，企业就会产生超额品牌溢价利润。耐克运动鞋品牌成功后，然后围绕耐克品牌搞衍生运动产品开发并积极拓展全球市场，这样又可以做到规模效益与范围效益协同兼得。在与同行竞争时，耐克（企业所有者）只言科技创新、品牌形象，不搞低价进攻，逐渐构筑了牢不可破的产品组合护城河。

案例3：罗辑思维 “免费+收费”产品组合的三端定位解析

创办于2012年的罗辑思维是一家中国知识付费平台公司，旗下得到APP成立3年用户突破了3 000万。知识付费项目门槛低，大小竞争者不计其数，凭什么罗辑思维能持续赢利并做到行业领先，成为知识付费行业中的独角兽？

罗辑思维以“免费+收费”产品组合为特色，见图2-2-3。有人说了，免费不就是给用户补贴促销吗？打价格战谁不会呀！商业模式的免费与营销的免费真不一样。营销的免费是短暂的促销活动，而商业模式的免费是长期免费，已经属于产品组合的一个构成部分。罗辑思维的创始人兼知识脱口秀“头牌”是罗振宇，他与搭档坚持每天以语音、图文等形式在得到APP及微信平台上播出多个免费知识分享节目。罗辑思维的收费项目有哪些呢？“网上商城+网上课程+线下培训”等。成立几年来，罗辑思维一直在扩展自己的免费及收费项目（或产品）数量，其中免费项目只是缓慢且很少量的增加，而收费项目一直在大幅地呈指数级增加。在收费项目方面，罗辑思维在中国甚至全球范围内寻找优质合作伙伴，以确保自身的轻资产运营及由此协同产生的快速扩张能力。

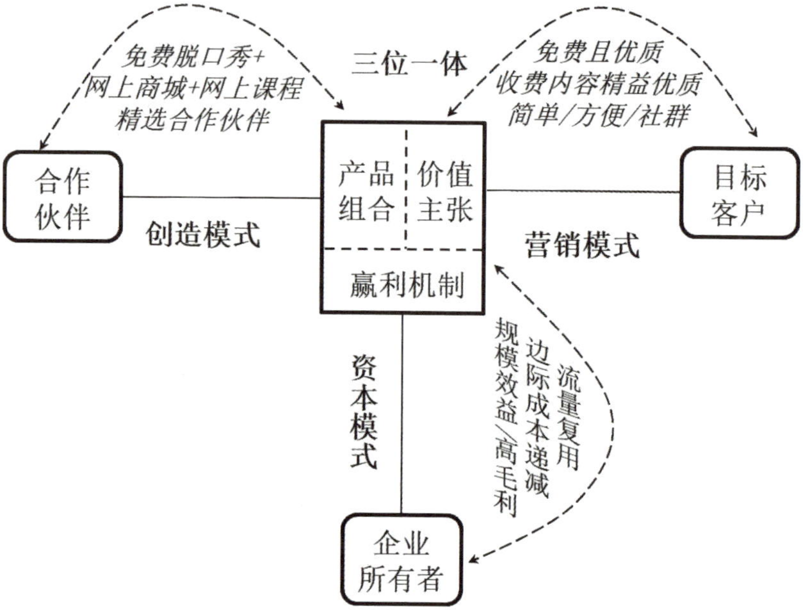

图 2-2-3 罗辑思维“免费 + 收费”产品组合三端定位模型示意图

中国有14亿人口，青少年之上年龄的人几乎每人有智能手机。他们通过移动互联网连接外部的信息世界，也就可以是知识付费的潜在用户。在充满发展机会的时代，勤奋而好学的人们都会有通过知识改变命运的强烈愿望。因此，知识付费的目标客户广博而浩瀚。罗辑思维“免费+收费”产品组合有哪些吸引目标客户的价值主张？①满足人们对知识产品“免费且优质”的痒点需求。对于每天例行的免费知识分享，罗辑思维确保内容优质并结构合理，植入营销但不至于让人生厌。②精选并精益制作付费网上课程和线下培训课程，确保比竞争产品有更高的性价比和更好的客户体验。③让网上商城的实物产品与知识文化元素融合。

罗辑思维的赢利机制是这样的：①每天的免费知识分享属于非实物数字产品，受众可以无限扩张，1人收听与1亿人收听成本几乎一样，所以边际成本趋于零。②网上收费课程售价不变，而边际成本递减。例如，“薛兆丰的经济学课”是罗辑思维几百门网上课程中比较受欢迎的之一，订阅用户数超过40万人，每人付费199元，单这一门课一个学期就为罗辑思维创造收入约8 000万元。一人付费听课与百万人付费听课，罗辑思维付出的成本相差无几，但是获得的收益却有天壤之别。③巨大流量和核心能力顺带可以成就线下培训较高收费及网上商城销售高毛利产品。

产品组合差异化有竞争优势，三端定位正确并不断优化迭代，先驱者也无巨大战略失误，而时间不可倒流，所以让后来者模仿式超越的机会变得渺茫。罗辑思维（企业所有者）利用先发优势，将经管团队、合作伙伴、会员粉丝（目标客户）等属于交易主体的系统要素有机连接在一起，通过不断协调实现共赢，保证利益一致，已经构建出了有利于企业发展的系统竞争优势。

案例4：名创优品“尖货爆款+近似名牌”产品组合的三端定位解析

虽然时代变迁了，但是熊彼特的组合创新理论一直在熠熠生辉。2013年，中国湖北人叶国富通过组合创新，也搞成了一个新零售商业模式——名创优品。名创优品借鉴了大创、优衣库、无印良品等日本知名品牌的外在表现形式，并吸收了美国零售巨头Costco的关键经营内核。名创优品创立5年进驻80多个国家和地区，全球开店3 600家，年营收超过25亿美元，不折不扣是一个飞速发展的零售业态中的独角兽企业。

外行看热闹，内行看门道，名创优品的三端定位特色见图2-2-4。

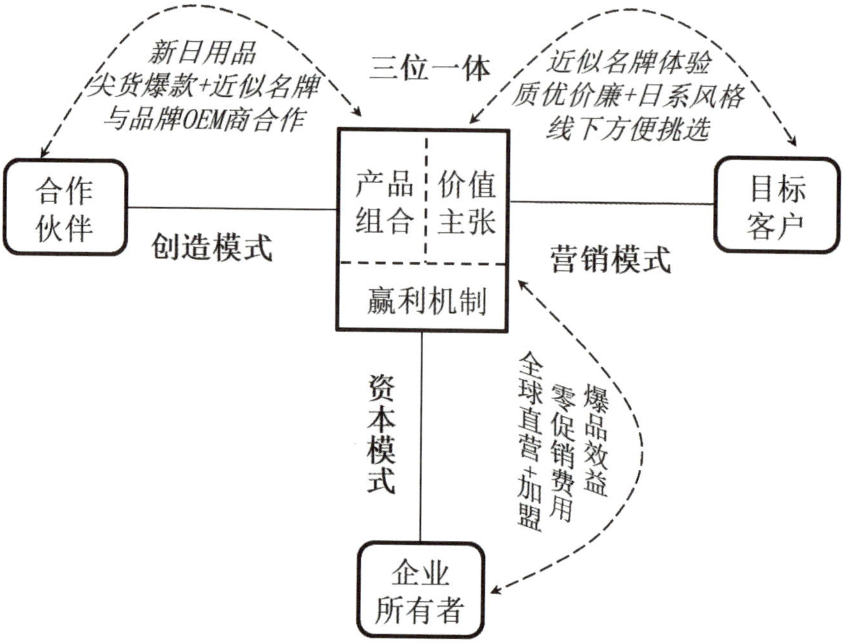

图 2-2-4 名创优品"尖货爆款 + 近似名牌"产品组合三端定位模型示意图

名创优品在全球各地经营新日用品小店，它属于零售服务业。售卖服务意味着促进客户体验。如果把服务当成一个整体产品看待，那么分析服务类企业的产品组合就应该从产品构成模块入手。与餐饮店类似，零售店的构成模块包括货品、服务、地段、店面风格、品牌形象等诸多顾客体验因素。名创优品的主要特色模块是与全球优质合作伙伴一起，将店内货品打造成高性价比的尖货爆款，将品牌形象塑造成一个基本统一的近似名牌，即它的产品组合为"尖货爆款+近似名牌"。

名创优品的目标客户以女性为主，主要为新中产或准中产阶级。此类客户群体喜欢逛街，愿意花时间货比三家。他们对洗护、数码配件、家居等"新日用品"的产品质量要求较高，希望货品设计美观、独树一帜并有名牌感觉，同时也希望这些物品的售价要越低越好。名创优品的产品组合正是含有了这样的价值主张，从而让供给与需求如同干柴遇到烈火，双方交易一拍即成。例如，店内销售的名创冰泉瓶装水，属于自主设计、独树一帜的产品，每瓶售价人民币3.5元，一年销售多达6 000万瓶；莹特丽OEM工厂代工的眼线笔只要9.9元（原品牌售价100元左右），一年销售1亿多支。

当售价确定时，让赢利机制发挥有效作用就必须降低成本。名创优品通过智能化地构建极致供应链、有效管控SKU数量、迅速全球开店、打造高性价比爆品、零促销费用等多管齐下，以规模效应让货品成本和分摊的管理费用等不断地战略性地降低。为弥补快速扩张所需的资源与能力不足，名创优品（企业所有者）一手加盟另一手直营，以金融创新促进加盟店数量的快速增长，又以加盟店的加盟费和保证金所形成的沉淀资本促进直营店的稳定扩张。

通过以上四个商业模式创新实例，可以看出：一个可行的商业模式，目标客户、合作伙伴及企业所有者三端利益缺一不可，价值主张、产品组合及赢利机制三位一体不可分割。它们就像一个风扇的三个叶片，缺少任何一片，整体都不能顺畅运转起来。

2.3 芯片研制/“互联网+咖啡”/网上买菜：为什么不容易成功？

重点提示

※ 以创造模式分析，高端芯片研制的难点及瓶颈在哪里？

※ 为什么说“互联网+咖啡”很难形成核心竞争力？

※ 网上买菜有哪些赢利困境？

在中国，获利丰厚的行业机会愈来愈少，而创业投资的热情继续高涨，因此从业者必然要面对“利润稀疏”困境。从T型商业模式看，“卡脖子”的高端产品研制，瓶颈在创造模式，导致企业利润稀疏，是因为它需要大量科研经费投入和长时间的技术积累。营销模式的“利润稀疏”是指大家都在同质化竞争，变换花样搞纯营销，而找不到吸引目标客户的独特价值主张。资本模式的“利润稀疏”是指创业项目的赢利机制很难成立，只能依靠资本维持创业——能融到资，创业继续；融不到资，创业停止！

案例1：完全自主地进行高端芯片研制靠谱吗？

中兴、华为接连遭遇美国芯片“断供”，让中国信息产业“缺芯少魂”这一难题凸显出来。怎么解决这个产业瓶颈呢？不仅千万群众纷纷给出了参差不齐的各种建议，而且知名院士、经济学家也积极公开发言，希望能给芯片研制指出一条明路。

分析问题要有一个模型，模型中隐含一个系统，而系统是由要素、连接、功能三个基本部分构成的。T型商业模式的定位图符合这样一个模型。

从三端定位分析，2018年中国进口芯片金额近3 100亿美元，约为石油进口总额的1.3倍，我们作为目标客户都被限购或禁运，所以高端芯片产品的营销模式不存在问题。芯片产品的资本模式也不存在问题，我们有举国体制，集中力量办大事，可以招募高端人才，民间资本也很充足。这样看来，高端芯片能否突破的重点在创造模式，见图2–3–1。

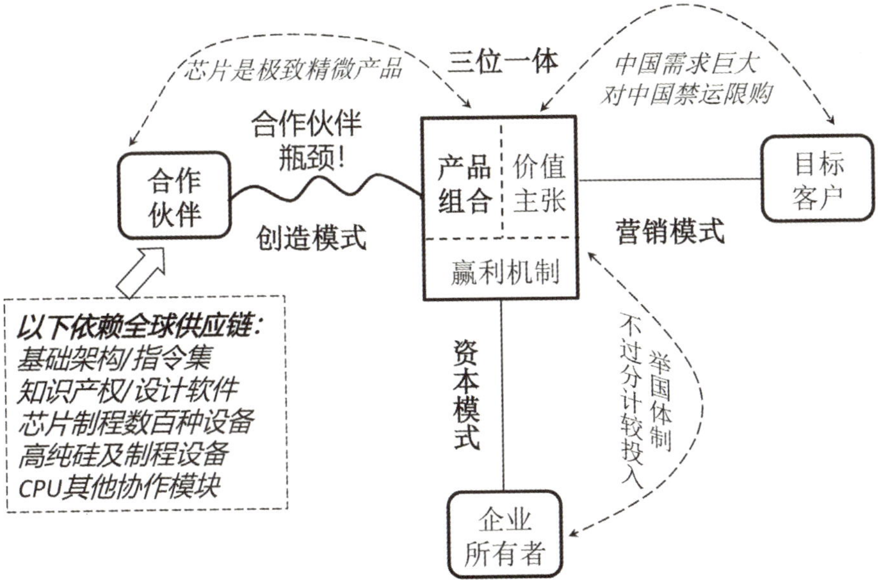

图 2–3–1 高端芯片的合作伙伴瓶颈示意图

在创造模式中，我们只需要分析其中两个要素：产品组合和合作伙伴，便可以判断自主搞芯片研制靠不靠谱。

芯片的产品组合是怎样的呢？芯片是极致的精微产品，好像在原子空间上雕刻“珠穆朗玛峰”。像华为手机上用的麒麟980芯片，只有儿童指甲盖那么大，0.74平方厘米上集成了69亿个晶体管。有点像老上海的阁楼，这么大面积上，有运算核心CPU（中央处理器）、显示核心GPU（图形处理器）、AI核心NPU（神经网络处理器）、拍照核心ISP（影像处理器）、调制解调器基带（通信模块）等诸多模块。

这么高难度的产品组合，全球高端合作伙伴们一起搞了几十年，投入了超万亿美元的研发资金，形成的专利和沉淀的专有技术数以亿计。下面还以麒麟980芯片为例，看看华为对全球高端合作伙伴的依赖程度有多高！

为研发麒麟芯片，2004年华为成立海思半导体公司，据说近些年每年投入超过100亿元。华为投入这么大，只是介入了芯片设计，主要在CPU设计。华为设计的麒麟芯片采用英国ARM公司的基础架构和指令集，采用美国公司的芯片设计软件，也就是说核心知识产权和关键设计工具被外方控制。芯片是个产品组合，除了CPU，还有GPU、NPU、ISP、基带等模块，这些绝大部分依赖全球高端合作伙伴的技术或供应。

即使设计成功了，芯片制程还有上百道工序，需要的专利和专有技术来自几十年工艺研发和制造实践的积累，需要的高端装备达200多种。每种装备的制造技术要求都很高，制造难度极大且造价十分高昂。绝大部分关键设备，长期被全球高端合作伙伴垄断。

台积电投资一条5纳米芯片生产线大概需要200亿美元。模仿PE的算法，华为、中兴要首次搞成这条产线，需要至少投入5倍于台积电的资金，多达10年以上的时间。最关键还有专利壁垒如何突破，设备从哪儿买。芯片类似于模特选美行业，摩尔定律作用下，“青春期”特别短暂，稍纵即逝。你用了10多年搞出来了，可能已经属于“丑八怪”了。

经过T型商业模式的三端定位模型简要分析一下，我们很快就明白了：完全自主地突破高端芯片研发与制造困境，还真不太容易！

案例2：每人都要喝一杯互联网咖啡吗？

星巴克创始人舒尔茨说：“星巴克不是一家简单的咖啡馆，而是通过咖啡这种社会黏结剂，为人们提供聚会场所的第三空间。”家为第一空间，职场为第二空间，许多人把咖啡馆作为家和职场以外的最佳休闲去处。第三空间的定位让星巴克的生意火了！2018年，星巴克全球门店数接近3万家，平均每周有3 000万人光顾星巴克。

“互联网+”似乎无所不能，但真的可以所向披靡吗？2018年3月，中国瑞幸创业团队携10亿资金高调入场，通过互联网裂变营销跨界，一年开出2 000多家咖啡店。疯狂补贴了18个月后，瑞幸咖啡在纳斯达克上市了。从创立到成功IPO，只用18个月，上市当日市值47亿美元，似乎刷新了从零创业到IPO的“吉尼斯”世界纪录。

与星巴克的第三空间消费场景不同，瑞幸咖啡主打APP消费场景，利用互联网裂变营销，持续开展拉新赠杯活动，创立一年卖出了近9 000万杯咖啡。2018年9月，瑞幸咖啡与腾讯签署战略合作协议。腾讯旗下微信将线上流量赋能瑞幸咖啡，双方也将共同探索图像识别、人脸支付、机器人配送等高新科技在瑞幸智慧门店的应用。与腾讯合作后，预计瑞幸也将在微信上搞出营销新花样，例如：微信拼团买咖啡、“APP+小程序”搭配、咖啡金融、咖啡红包、微店咖啡馆等都是“互联网+咖啡”后的新玩法。

瑞幸咖啡如此迅速利落地IPO，激发了一大批创业者和投资者加入的热情。尤其对有海外背景的创业者及资本而言，咖啡非常符合一个好创业或好投资的标准——容易理解、市场空间大、毛利高，还容易规模化复制。并且，行业研究也给予了有力支撑：根据Frost & Sullivan提供的数据，预计到2030年时，中国咖啡市场的规模将达到1 806亿元，年增长率将达25%。

但是，咖啡年增长率将达25%又怎样？从T型商业模式的三端定位来看，咖啡的创造模式不复杂，见图2-3-2。从咖啡豆到制成一杯咖啡，每个人都可以，何况现在还有咖啡胶囊、咖啡粉饼及速溶咖啡，即使懒人也能瞬间喝上自己冲制的咖啡。从资本模式看，搞个咖啡店也没有什么壁垒，需要的能力和资源都不稀缺。最终，咖啡生意的创业难度似乎在营销模式。瑞幸咖啡砸了10亿补贴，利用互联网APP搞裂变营销，同时改变了行业的成本结构和运营效率，实现了不走寻常路的突破。但是，现有咖啡店生意并不好，它们的产能还有大量空置。假如再冲进来几个像瑞幸咖啡一样的“野蛮人”，供给还会增加许多倍。在中国，搞互联网营销及基础设施赋能，通过降低成本、提升运营效率胜出，竞争者很容易学会，还算不上核心竞争力。

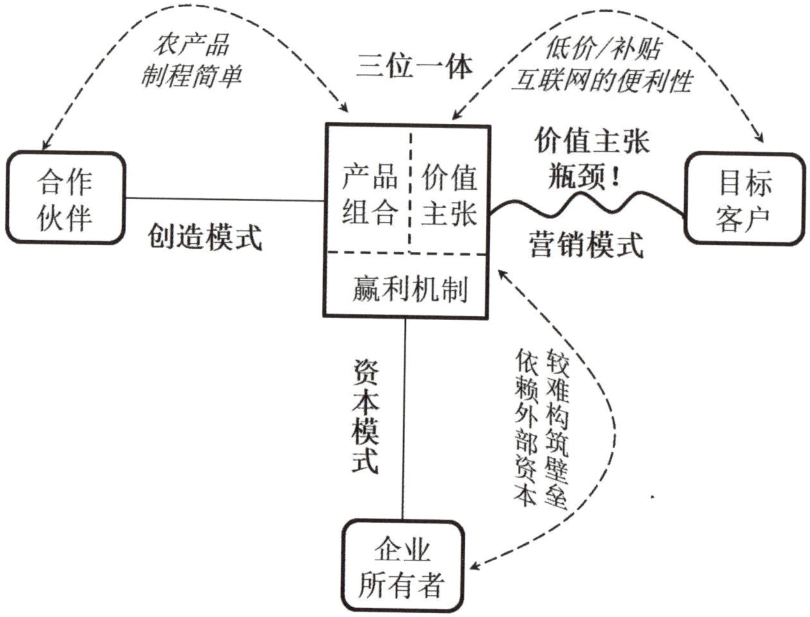

图 2-3-2 “互联网＋咖啡”的价值主张瓶颈示意图

通常对于消费品创业来说，难以模仿的是产品组合内含的价值主张，但是咖啡作为一个农产品，搞出独特的价值主张又是难上加难的事。没有独特的价值主张，从业者都聚集在价格上竞争，最后谁也赚不到钱，“互联网+咖啡”又能怎样！

案例3：网上买菜这样的创业值得搞吗？

在中国，网上买菜又成为创业热潮。仅2018年，叮咚买菜就连续完成5轮融资，投资方大部分是喜欢归堆抱团的知名或准知名投资机构。叮咚买菜是什么商业模式？顾客通过叮咚买菜的APP下单买菜，公司的快送骑手负责送菜上门。这么简单的“互联网+”业务，投资商也感兴趣？仅用两年时间，叮咚买菜就迅速发展成为前置仓赛道的头部品牌，这也许是它被资本青睐的主要原因吧。

2018年开始，前置仓就很火！无论是生鲜创业企业，还是零售巨头，都在入局，比较有代表性的企业有叮咚买菜、每日优鲜、淘宝菜场、美团买菜、盒马小站、永辉卫星仓、沃尔玛、京东、苏宁等。简单来说，前置仓是在消费者所在的社区旁边设立一个小型仓库，消费者用APP下单，商家就可以快速（约30分钟）送货。

前置仓属于基础设施建设。一个生意是否能成，本质上还是要看商业模式，见图2–3–3。

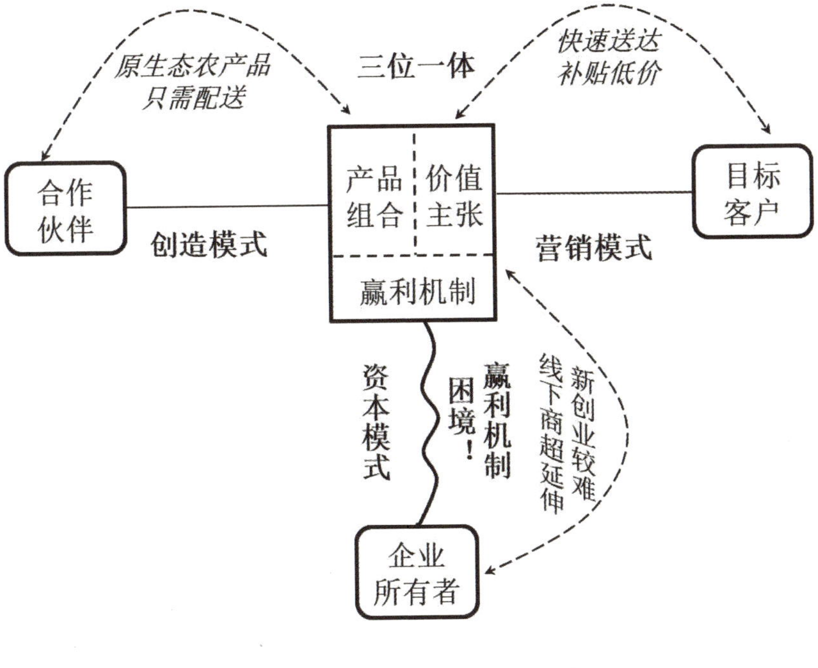

图 2–3–3 网上买菜赢利机制困境示意图

从创造模式来看，蔬菜水果都是农产品，原生态最好，尽量不要添加什么创造性元素。网上买菜及生鲜创业，创业者能做的事就是优化供应链、提高配送效率。从营销模式来看，蔬菜水果是目标顾客的高频刚需，每天都需要，少一餐也不行。这一点会吸引创业投资疯狂涌进来，好像“互联网+”在此处大有机会。

如果竞争者都在搞前置仓，提升配送效率，也就没有什么特别之处了。况且一窝蜂上马，仓库租金就会上涨；大家搞重复建设，前置仓就会有闲置。前置仓带来成本上升，但是APP买菜客单价不高，冷链物流与仓储成本不菲，损耗严重，纠纷较多，还要及时配送，商家的利润从哪里来？如果从三端定位分析，网上买菜商业模式中的赢利机制很难成立。

淘鲜达、沃尔玛、永辉超市等有线下商超的企业，搞一些前置仓，推出快速配送业务，更多是一种战略性防御，而网上买菜新进入者及跨界进入者，就必定要战略性进攻了。对弈双方促销、让利、给用户补贴，都要耗费大量资本、人力等资源，这必然导致大家很长时期内不能很好地赢利。

2018年以来，中国各大城市大街小巷的蔬菜店、水果店逐渐多了起来。顾客进店随意挑选，逛街时顺带买一点蔬菜生鲜，这也许是效率最高、体验最好的一种“配送”方式。网上买菜的新入局者不仅要面对同业竞争、潜在进入者竞争，还要面对大街小巷的蔬菜店、水果店等“地面部队”的围追堵截。用五力竞争模型再深入分析一下，网上买菜涉及的顾客及供应商也不好惹，再加上生鲜、蔬菜这些产品本身带来的储藏、配送、损耗问题，网上买菜这么巨大的赛道能出几个新的独角兽呢？

2.4 这么多定位理论，如何发挥它们的聚合作用？

重点提示

※ 为什么说波特竞争战略、蓝海战略、平台战略等都属于定位理论?

※ 创造出产品差异化与通过营销让客户感受到差异化有什么不同?

※ 在商业模式时代，如何继续运用经典的定位理论?

在企业创立期或后续的新产品研发时，都需要进行产品定位。迄今为止，定位理论层出不穷，创新成果让我们获益匪浅。

说起消费品定位，在中国传播力度超过源发地国家的是特劳特定位；说到战略定位，迈克尔·波特是定位学派的扛鼎人物；说到商业模式定位，本书提出了产品组合差异化、三端定位、优化迭代。

关于定位还不止这些，蓝海战略、平台战略、爆品战略、产品思维、品牌理论、STP理论等分别从不同方面探讨如何创造出产品差异化或如何让顾客感受到产品的差异化。因此，它们都属于定位理论大家族中的一员。

特劳特定位如何操作？该理论有其独特精深的一面，但化繁为简来说，就是设计一句特别的广告语或一个图像符号，让产品在消费者大脑中定位，从而实现与众不同。它的优点是看起来特别简单，适用于饮料、保健品等消费品定位，在广大中国消费者中效果比较明显。例如，为加多宝公司设计的定位广告语“怕上火喝王老吉”，为瓜子二手车设计的定位广告语“瓜子二手车直卖网，没有中间商赚差价”。以T型商业模式视角，该定位属于营销模式中的差异化方法——让顾客感受到产品的差异化。

为什么将蓝海战略也归为定位理论？它是一种让产品实现差异化的方法——避开竞争市场，发现新的目标客户群体。通过价值创新，为目标客户提供非常适配的差异化产品。蓝海战略非常崇尚的价值创新，就是通过产品创新，改变其价值主张，以更适合目标客户的需求。从T型商业模式视角来看，蓝海战略属于创造模式与营销模式协同下的产品差异化创新。例如，21世纪初，针对越来越多商旅人员的住宿需求，如家集团在中国开创了经济型连锁酒店新商业模式。它同时也是蓝海战略的典型案例。为什么一个案例既属于商业模式创新也属于战略创新活动？因为以前关于产品定位的内容属于战略“管辖”范围。在现代视角来看，尤其在本书中，已经将它归为商业模式定位的核心内容。

平台战略由中国知名学者陈威如、余卓轩首次提出，并出版书籍《平台战略：正在席卷全球的商业模式革命》。书名中透露的信息是：平台战略是探讨如何打造平台型商业模式。阿里巴巴、美团点评、亚马逊等都是典型的互联网平台型企业；沃尔玛、中国义乌小商品市场、Costco等都是典型的线下平台型企业。平台型企业居于大量供方与众多需方之间，提供的是中介贸易服务。如果将服务看成一个整体产品，应该用产品模块组合的定位方法，以实现平台类产品的差异化。例如章节2.2案例中讲到的名创优品就是一个平台型企业，它的创新商业模式及实施差异化竞争的方法值得借鉴。从T型商业模式视角来看，平台战略的重点应该是如何为平台型企业进行差异化定位，在激烈的市场竞争中构建并巩固自己的生态圈，核心关注点是产品或产品组合的差异化，以及产品组合、价值主张和赢利机制如何实现三位一体。

爆品战略的实践案例更多来自小米手机公司及其生态链企业。中国知名营销人金错刀的书籍《爆品战略》将爆品战略概括为消除痛点、设计尖叫点、找到爆点三类产品或营销创新活动而构成的金三角法则。所谓消除痛点、设计尖叫点是基于顾客的核心需求对产品进行创新与改进以实现差异化，而找到爆点是指利用互联网营销促进产品大量销售。工业4.0是产品个性化定制的工业互联网解决方案，爆品战略反其道而行之，倡导低成本差异化的大规模制造与销售。从T型商业模式视角来看，爆品战略的执行需要创造模式与营销模式协同一体，适合有巨大流量或特定能力与资源的企业进行产品差异化定位。

产品思维似乎是一个带有中国特色的概念。中国人口众多，地区发展不平衡，对各种档次的商品都有巨大需求，所以营销思维一直很盛行。不论国际知名营销专家的理论，还是本土营销大师发明的“秘籍宝典”，以及遍布各地的营销培训师的“绝招诡计”，在中国都能获得众多或大或小企业经营者的追捧。这些属于纯营销的理论协助企业吸引消费者的绝招太多了，以至于物极必反，产品思维就诞生了。这里的产品思维与营销4P中的Product思维还有点不一样，它更强调围绕客户需求研发产品，不断改进与迭代产品。目前的产品思维是一个开放的系统化思维，用于识别客户需求及产品创新与迭代的各样理论都可以是产品思维的工具或方法论。从T型商业模式视角来看，产品思维的核心内容是围绕客户需求不断对产品进行差异化创新，是一种边界开放的众说纷纭的系统化产品定位方法。

品牌理论也是一种实施产品差异化的方法。有品牌与无品牌就是不同的定位；提供同一产品的不同企业其品牌定位是有差异的；同一企业对不同档次的产品也会进行品牌差异定位。自1950年美国奥美广告公司首次提出品牌概念以来，品牌理论已经得到不断完善、丰富和创新。以T型商业模式视角，品牌产品是一个产品组合，可以看作是“产品功能+品牌形象”的组合。例如：从产品功能上看，耐克运动鞋具有优异的透气、舒适、助力、缓震等特色功能；从品牌形象上看，耐克产品中含有一个体育冠军形象、一种竞争取胜的精神。

STP定位理论最早由美国营销学家温德尔·史密斯在1956年初步提出。此后，经过美国营销大师菲利浦·科特勒进一步发展和完善并最终形成了成熟的STP理论。STP定位有三个步骤：市场细分（Segmentation）、选择目标市场（Targeting）和产品定位（Positioning）。STP定位以顾客需求为导向，决定企业经营或创新产品的差异化方向。从T型商业模式视角来看，STP定位属于来自营销模式的定位，至于产品能否创造出来及企业是否能赢利并无重点提及。例如：在中国，高端芯片有未被满足的巨大需求。依照STP定位，很多创业者或企业家就应该前赴后继投入重金进行芯片研发。事实上，尤其在中国，很多创业或新产品研发带有这样的盲目性，也面临着巨大的经营风险。

哈佛商学院教授迈克尔·波特的竞争战略包含三大法宝：三种竞争战略、五力竞争模型和价值链理论。正如本书章节1.1所述，三种竞争战略其实是对产品的概要性定位方法，可以表述为总成本领先产品定位、差别化产品定位和集中化产品定位。五力竞争模型用来评判企业的产品在产业结构中是否具有竞争优势，是一个重要的定位工具。价值链理论是实施三种竞争战略——将产品定位晋级到商业模式的一个具体理论。

在产品竞争时代或从产品竞争思维出发，产生了包括但不限于以上列举的诸多广为传播且实践有效的产品定位理论。管理大师德鲁克说过：当今企业之间的竞争，不是产品之间的竞争，而是商业模式之间的竞争！

在商业模式竞争时代，需要定位理论同步更新。根据章节2.1中的相关讨论，商业模式定位主要是对产品组合定位，它包括三个部分：产品组合差异化、三端定位、优化迭代。由此来看，当今商业模式的定位比产品时代的定位增加了维度和复杂度。究其根本来说，产品时代的定位理论属于产品组合差异化的一种方法，并不是完整意义上的商业模式定位。

虽然说“历史车轮滚滚向前，时代潮流浩浩荡荡”，但是经典理论并不过时，而是常学常新、常用常新。以上列举的波特竞争战略、蓝海战略、特劳特定位、产品思维、品牌理论、爆品战略、STP理论等，都是商业模式定位中进行产品组合差异化时非常有效的方法论。虽然它们有的冠以战略、有的归为营销、有的属于产品开发管理，但是实质上都是让产品与众不同——无论是通过创造模式让产品差异化，还是通过营销模式让顾客感受到产品的差异化，归根结底都是让企业的产品（产品组合）实现差异化。

2.5 不做风口上的猪，去孕育一匹“独角兽”！

重点提示

※ “台风来了，连猪都会飞！”有几个含义？

※ 为什么说打造独角兽企业是一项系统工程？

※ 创业初期，领军人物重要还是团队重要？

“台风来了，连猪都会飞！”是一句西方谚语。2006年的一次官方论坛上，海尔集团首席执行官张瑞敏将这句谚语“引进”到国内。他谦卑地表示，时势造英雄，在中国改革开放大势下，海尔就是那只“会飞的猪”。

雷军创立小米公司后，由于互联网传播放大效应，“站在风口上，猪都能飞起来”演变成了雷军的“飞猪理论”。其实，雷军借用这句话想表达的意思是“创业，要顺势而为”。

“飞猪理论”在中国典籍《孙子兵法》中有同样的表达：“故善战人之势，如转圆石于千仞之山者，势也！”翻译成现代文：善于打仗者的制胜之势，就像圆石从高峻陡峭的山上滚下来一样，势不可挡！

太多的创业者自信地把自己当成了善于打仗的人。团购风口来了，一下子涌进来6 700多个创业者，“万团大战”后都不见了；共享单车风口来了，一批创业者闯进去了，成为“先烈”；奶茶店风口来了，北上广随便一条不太繁华的街道上，一千米内就能冒出8家奶茶店……

阿里巴巴创始人马云后来就说：“当风口过去了，摔死的一定是猪！”事实也是如此，创业模仿，追随风口，倒下的企业太多了。所以，真要把创业当成事业，不宜做风口上的猪，应该去孕育一匹“独角兽”。

创业从构建一个差异化的产品组合开始，然后去探索符合三端定位的可能性。如果产品组合满足了三端定位，就可以建立愿景去孕育一匹“独角兽”了。

打造独角兽企业是一项系统工程，其前提是我们首先要有一个可供系统思考的“系统”。尽管本书第6章提出的庆丰赢利系统充当了这样一个角色——这是笔者的毛遂自荐，但是一本书有其重点，不宜面面俱到。本书从T型商业模式与传统战略理论协同出发，重点阐述了独角兽企业在生命周期各阶段的商业模式构建与进化发展情况。

除此之外，笔者发挥长期从事风险投资工作的优势，对如何将创业公司孕育成一个独角兽企业谈一些补充看法。

单一产品是产品组合的简单形式。创业之初，可以从单一产品开始思考、研发或创新。单一产品的机会主要在两个方向，一个是消费品领域，另一个是高科技领域。

就消费品来说，单一产品受到认可后，然后就可以构建某种类型的产品组合。消费品的基本产品组合是“功能产品+品牌形象”。消费品一般没有什么高科技壁垒，抵御模仿及价格战主要依靠塑造的品牌形象。消费品还可以通过多个产品搭配实现差异化形成赢利机制，章节2.1的表2-1-1给出了常见的产品组合搭配、差异化特点与相关参考案例。

通过战略合作借用外部合作伙伴的资源和能力，企业创立期的产品组合定位就更容易成功。石头科技是小米生态链企业，通过借助小米品牌和流量的加持，首款推向市场的米家牌机器人迅速成为市场爆品，不到3年总销售额超过了40亿元人民币。同时也要未雨绸缪，石头科技随后推出了自主品牌——石头牌系列扫地机器人及相关智能家居产品，从单一ODM产品升级为双品牌产品组合。

除了消费品领域，单一产品在高科技制造领域也有很多机会。例如：在全球约130种关键核心材料方面，其中32%国内完全空白、52%依赖进口。技术上国际领先、世界先进、国内首创、进口替代等都是高科技领域的主要创业或新产品开发机会。

烟台睿创在创立时，从单一产品开始，主攻高端红外摄像机的核心零件——探测器（芯片）。经过数年的研发，烟台睿创在非制冷红外芯片技术创新方面处于国际先进水平。以此技术创新为依托，先后开发的12μm及10μm百万像素非制冷红外探测器产品成功实现了进口替代，广泛应用于边界安防、航空航天、机器视觉、工业测温、电力检测、夜视狩猎等领域。探测器推向市场取得成功后，烟台睿创的产品组合开始扩展，先从探测器（核心零件）扩大到机芯（关键部件），然后再扩大到高端红外摄像机（领先整机），形成了像俄罗斯套娃一样的“核心零件＋关键部件＋领先整机”产品组合。这样的产品组合，一是倍增了技术创新的价值，扩大了企业利润区；二是通过掌控终端需求，为企业构建防御壁垒。

相比于实物产品，现代服务中的创业机会越来越多。通常我们不把服务看成一个单一产品，而是看作一个产品模块组合——由模块组合而成的一个整体产品。章节2.2列举了新零售企业名创优品的例子，下面再看一下餐饮服务的相关案例。

餐饮店的构成模块包括菜品、服务、地段、店面风格、品牌形象等诸多顾客体验因素。如果夫妻二人开个小吃店，价格便宜，味道也可以，挣点辛苦钱，这就谈不上什么商业模式。麦当劳就不一样，它有独特的商业模式。连锁经营只是它商业模式的一部分，地产盈利及供应链收入只是它巨大顾客流量的衍生品。麦当劳能够从美国的一个小城市走出来，从一家小型汉堡店成长为世界知名快餐企业，成功的关键还是在于它的产品组合。相较于其他快餐店，不仅麦当劳的服务、地段、店面风格、品牌形象等构成模块堪称良好或优秀，而且它的菜品能给人安全卫生的感觉，味道也有点诱人，还经常推陈出新，不断优化产品组合。

周家豪先生创办的浦江荟集团在上海有多家高档餐厅，生意一直很火爆，提前几天预订是常态。它的产品模块组合中隐藏着什么秘密？浦江荟各个餐厅的菜品、店面风格、品牌形象等模块非常优秀，自不必说，这些是高档餐厅的基础性构成。聚焦于高档餐厅目标客户的核心需求，在服务、地段这两大模块上，浦江荟的餐厅显著优异于同行。海底捞以“变态”服务取胜，而浦江荟关注服务全流程，精益构建体验点，为顾客提供超越期望的尊贵服务。至于地段，浦江荟的餐厅都位于陆家嘴区域的绝佳地段，独门独院为主，空间构成上与黄浦江岸融为一体。深处熙熙攘攘的繁华都市，千金难买这样闹中取静、水韵华庭又兼具万国风情、气势恢宏的就餐景致。

餐饮住宿、商超零售、交通物流等传统服务业正在向现代服务业升级；互联网金融、智慧医疗、5G通信、区块链等新兴产业革命涌现出的创新型现代服务业机会也越来越多。对于现代服务业的商业模式创新，起点也应该从产品定位开始。我们实施与现代服务业相关的产品定位时，可以将服务产品作为一个整体，聚焦目标客户的核心需求与体验，研究服务的构成模块，通过价值创新，重构产品组合内含的价值主张。

由于行业竞争或产业成熟等原因，导致越来越多商业模式创新直接从产品组合开始。例如，章节2.2列举的罗辑思维案例，它创业时的产品组合为免费+收费系列产品组合。盒马鲜生是阿里巴巴对线下超市进行重构的新零售业态，它是超市，也是餐饮店，还像菜市场——它至少是以上三者的组合。由实践案例总结而成的产品组合典型方案已经有上百种之多。创业者构建商业模式，可以借鉴已有的产品组合方案，也可以完全创新一个产品组合方案。

由点及面，从产品组合差异化上升到创业项目的成败及能否成为独角兽企业，我们再看看风险投资家怎么从整体上看待一个创业项目的潜力。

风险投资家特别勤奋者每年阅览商业计划书可达上千份，实际接触项目企业可达近百个。风险投资看中一个项目，不太在意它短期的盈利能力，投资入股也不是为了每年分一些利润，而是看中一个项目未来的发展潜力，能否长成为独角兽企业实现IPO。风险投资机构的产品组合是被投资项目的股权，其赢利机制是这样的：当项目估值低时，投资入股；当项目IPO或被并购后，卖出持有的股权。例如，2000年时，孙正义的软银投资对创立不久的阿里巴巴投资2 000万美元，获得34%的股权。2019年6月，软银投资卖掉了2%已在美国纽交所上市的阿里巴巴股票，赚回现金110亿美元。按照当时的股价计算，软银投资还持有的阿里巴巴股票价值仍有1 010亿美元。当然，软银投资亏钱的项目也有几个。从事风险投资，就要宽容风险，投资失败是常态。

熊晓鸽代表美国IDG，于1993年就在中国开展风险投资业务了。熊晓鸽说，判断一个项目的好坏，他会做以下五点思考：①评判企业或行业的成长空间（俗称“天花板”）；②分析企业的商业模式；③寻找企业的核心竞争力；④辨别企业的护城河（详见章节3.4）；⑤关注企业的成长性。说到未来的投资机会，熊晓鸽认为人工智能、5G、自动驾驶、智能制造等行业领域更值得关注。

过去10多年，沈南鹏带领红杉资本投出了中国互联网的半壁江山。据说在一个独角兽榜单上，红杉资本投资的独角兽数量达到50家，占总数量的近30%。评判一个项目创始人，沈南鹏更看重以下五个方面：①专业知识和能力；②团队精神；③价值观；④责任心；⑤解决问题的能力。

金沙江创投的朱啸虎，号称“独角兽捕手”，10年时间投出了一批独角兽公司。朱啸虎主导投资的30多个项目中，40%的项目出现了问题，40%的项目估值在几亿美元以上，剩下20%的项目发展非常好，估值在10亿美元以上。朱啸虎有三大投资心得：①专注或偏好交易类平台；②对相关变化时刻保持好奇心；③更看重“刚需+痛点+‘90后’消费群体”相关项目。

达晨创投的肖冰认为，销售人才创业时代已经过去了，技术人才创业未来将受到追捧。他说：“我们投资团队基本上不招学金融的人，不招学财务的人。我们基本上都是招有技术背景的、有产业背景的，甚至原来就是做研发的人，加入投资团队里面。”他还告诫创业者，以下六点是创业项目失败的高发原因：①业务不专注；②团队没有创新能力；③盲目学大公司；④把挑战BAT挂在嘴上；⑤盲目跟风转型；⑥性格上特别强势、弱势或有太重的文人情怀等。

笔者所在的众合创投／鼎鑫国际资本先后投资了近100个项目，其中盈德气体（2168.HK）、碧水源（300070.SZ）、明阳智能（601615.SH）、天和防务（300397.SZ）、睿创微纳（688002.SH）、新筑股份（002480.SZ）、法士特、陕西重汽、同力重工、拓璞数控、龙腾光电、石头科技、东硕环保等近20家企业已经成长为行业领导型企业或国内外知名上市公司。在董事长聂新勇先生的领导下，我们投资团队坚持与创业者互补协作，共同将所投资的企业培养成为市场的领袖！

不做风口上的猪，去孕育一匹“独角兽”。除了本书已经阐述的内容和以上几位知名风险投资家的投资心得和忠告之外，笔者再补充几个涉及创业团队、行业选择方面的关注点。

①在创业团队中，如何看待领军人物的重要性？

赛富亚洲的阎焱说，在中国商业环境中，领袖的作用怎么强调都不为过。初创期企业，一定是领导做决策，而不是团队。

尽管创业初期领军人物更重要一些，但是从一开始创业就要打造团队，否则企业发展不起来，因为对建立一个企业赢利系统来讲，一个人的能力与精力太有限了。

②选择团队成员或初始股东时，应该注意哪些陷阱？

英国作家王尔德说，现代人知道一切事物的价格，却对它们的价值知之甚少。

有些人学习、工作履历光彩夺目，但是一点创业能力和态度都没有；还有些人挂在嘴上的资源很多，看起来朋友圈也很高大上，但是就是一个混圈子的，给团队带来的更多是麻烦；还有些人名头很大，讲话滔滔不绝，“语惊四座”，但是这些人一般不适合成为团队成员或创始股东。

③技术出身的领军人物应该如何修炼自己？

首先，必须让自己成为一个商人。转变心智模式是非常痛苦的，但是选择了创业，就必须成为一个合格的商人。其次，尽快培养全局战略思维，从以研发为中心逐渐转换到以营销或管理为中心。再次，正像黑石集团创始人彼得森所说，当你面临两难选择时，永远选择长期利益。这对大多数创始人来说比较难做到，但是选择错了，创业的方向就错了。

在行业选择方面，笔者也给出三个注意事项。

①慎重进入所谓发展空间巨大的传统行业。例如，咖啡行业看似发展空间巨大，实际是个鸡肋行业，引得无数英雄竞折腰。尤其留学归国人士喜欢这么想：老外平均一天喝7杯咖啡，中国人口基数这么大……遇到行业选择时，我们用五力模型分析一下，就能知道在这个行业创业靠不靠谱。

②慎重进入低端且黑幕比较多的行业。有人说，拼多多不是成功了吗？拼多多是线上中间商，属于平台型商业模式，可以避免掉很多引火烧身的麻烦。像二手物资回收行业、部分工程或采矿相关行业、部分服务行业等，介入产业链很深时，就可能陷入进去——麻烦多、官司多、陷阱多、应收账款多。

③慎重进入交易成本比较高的行业。像节能行业的EMC模式，看似产融结合，利润空间巨大，但是一直做不起来。原因在于节约的能源每月甚至每天需要计量确认，而计量的仪器仪表在客户的管控范围

内。这样的商业模式或交易结构设计，交易及沟通成本太高了。

创业选择行业时，贯彻“不熟不做”的原则，尽量固守自己的能力圈。这山望着那山高，盲目地跨行业、跨领域自信，最后大部分创业都会失败！

第3章

成长期：如何持续创造顾客？

本章导读

在企业成长期，实施增长战略就要持续创造顾客，而不仅是依靠资本补贴讨好拉拢顾客。如何持续创造顾客？

T型商业模式的创造模式、营销模式及资本模式三者构成了一个飞轮增长模型。这里用作比喻的飞轮是一个机械装置，启动时费点力气，旋转起来后就很省力，并且越转越快。在创造模式、营销模式及资本模式各自的构成公式中，蕴藏着实现创造、营销、资本的第一性原理，并引用了安索夫、德鲁克、熊彼特的相关学说，进一步印证商业模式与战略、创新理论不可分割的联系。为实现持续创造顾客，笔者提出的另一个增长模型是五力合作模型。以庆丰之"五力合作"消解波特之"五力竞争"，正如小米创始人雷军所说，"把朋友搞得多多的，把敌人搞得少少的"。

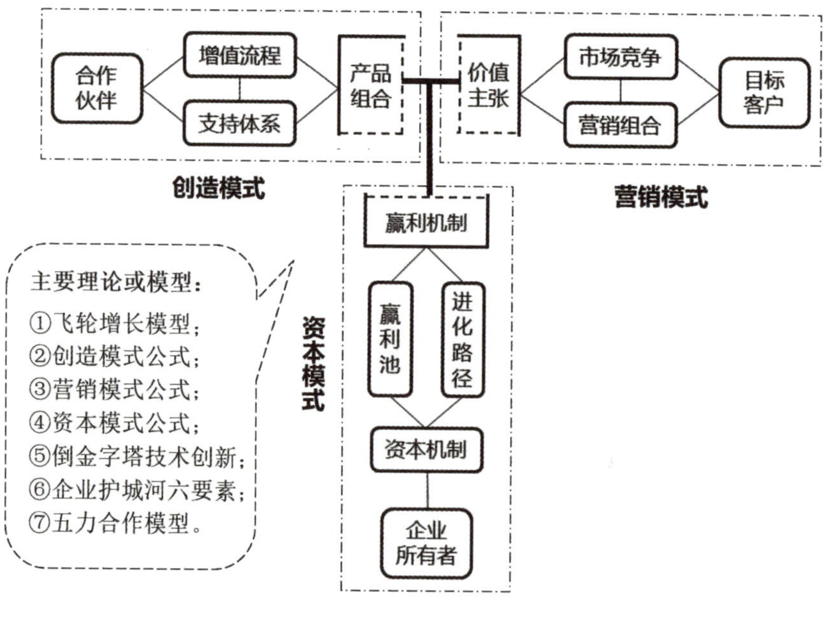

【第 3 章 重点内容提示图】
实施增长战略的相关理论或模型

3.1 创造顾客：除了德鲁克提出的营销与创新，还有第三者？

重点提示

※ 安索夫的公司战略对于企业创造顾客有什么启发意义？

※ 资本如何对营销和创新进行储能、借能及赋能？

※ 独角兽企业的成长原理是什么？

就像GPS定位，我们有了初始位置，规定一个目标位置，就可以向目标进发了。创业也是如此，对产品组合定位后，要实现进化成为独角兽企业这一目标，企业进入成长期就要有一个增长战略。

关于增长战略，我们可以追溯到20世纪60年代，看看企业战略的鼻祖安索夫先生是怎么说的。在《公司战略》一书中，安索夫认为公司战略的四个构成要素是产品与市场范围、增长向量、竞争优势和协同作用。这四个战略要素是相辅相成的，它们共同决定着企业的“共同经营主线”。通过分析企业的“共同经营主线”，可把握企业的发展方向；同时，也可以正确地运用这条主线，恰当地指导企业的经营管理。

笔者认为，安索夫所说的“共同经营主线”类似于现在的“商业模式沿着战略路径前进，实现战略目标”，它是本书第6章“企业赢利系统”中重点要讨论的内容。

增长向量是指企业经营发展的方向，换成商业模式语言就是：从今天的产品组合沿着什么轨迹达到未来时点的产品组合。当时安索夫用一个成长矢量矩阵（即安索夫矩阵，详见章节3.3）来阐述增长向量向前行进的可能选择。安索夫矩阵的大致内容是：以产品和市场作为两大基本面向，形成4种产品／市场组合的可能增长战略，即市场渗透战略、市场开发战略、产品延伸战略、多元化经营战略。今天来看，安索夫矩阵继续有指导意义，商业模式中的产品组合也是依据以上四种战略进化发展的。

公司战略的主体内容是增长战略。传统的战略视角认为，增长战略就是产品沿着增长向量，通过各种经营管理要素协同作用，发挥出竞争优势，从而在市场上创造越来越多的顾客。

早在1954年出版的《管理的实践》一书中，德鲁克指出：创办企业的目的必须在企业本身之外，因此企业的目的只有一种适当的定义，就是创造顾客。为了创造顾客，企业必须建立两项基本职能：第一是营销，第二是创新。

进一步理解德鲁克的说法，营销是对产品的营销，将产品卖给有需求的顾客才是创造顾客；创新主要是对产品的创新，只有提供超越顾客期望的产品，才能持续创造顾客。结合上述安索夫公司战略四个要素中的竞争优势、协同作用，我们可以有这样一个推论：产品具备竞争优势才能持续创造顾客，而竞争优势至少是在营销和创新这两项企业职能协同作用下形成的。

当今企业的竞争，已经从产品之间的竞争升级到商业模式之间的竞争，营销和创新从构建产品竞争优势同步升级成为构建商业模式竞争优势的主要内容。除了营销及创新，资本也是构建商业模式竞争优势的主要内容。浅显地说，通过资本补贴就可以直接创造顾客，资本还可以迅速放大企业的营销能力。有了资本支持，可以购买最有价值的创新甚至直接收购同业竞争者的公司——将竞争对手的营销、创新及已有顾客一起收入囊中。资本的作用远不止这么简单粗暴，它的重点在于扮演了为营销和创新进行储能、借能及赋能的作用，通过形成飞轮效应（详见下文）让创造顾客可持续，极大提升创造顾客的速度。

拼多多创立3年后，于2018年7月在美国纳斯达克交易所成功IPO，此后不久市值便突破300亿美元。瑞幸公司在创业阶段以10亿人民币资本补贴顾客，一年开出2 000多家咖啡店，只用18个月就在纳斯达克成功IPO了，上市当日市值47亿美元。硅谷的投资家将创办时间相对较短、估值迅速达到10亿美元以上的创业公司，称为“独角兽”。之所以近些年中国涌现了如此多独角兽企业，并且不断打破IPO速度及市值纪录，不是行业竞争减弱了，而是资本发挥了更强的创造顾客的作用。

在T型商业模式中，将创新、营销、资本三者转换一下名称，分别称为创造模式、营销模式、资本模式。商业模式的创新活动主要集中在创造模式中，营销活动主要集中在营销模式中，资本活动主要集中在资本模式中。

创造模式聚焦在创造一个好产品（产品组合），营销模式负责把这个好产品售卖给目标客户；营销模式从目标客户或市场竞争中获得的需求信息反馈给创造模式，然后创造模式对产品组合进一步迭代更新；营销模式再把改进的产品组合售卖给更多的目标客户……这样的往复循环，既是一个调节反馈过程——对产品组合不断纠错改进，更是一个增强反馈过程——产品组合越来越优化，创造的顾客越来越多。

创造模式与营销模式的积极联动循环，就会产生盈利及其他资本积累。产品销售产生的盈利可以转化为货币资本；重复购买及协助口碑传播的顾客是企业的关系资本，协助创造的合作伙伴也是关系资本；同时人才成长、技术进步及其他经营管理提升就会形成企业的智力资本。在资本模式中，从创造模式与营销模式进来的资本积累被形象地称为储能的过程。与此同时，在产品组合发展与进化时，由于所需要资本的相关性及共享性，资本模式也会对创造模式与营销模式赋能。并且，资本模式中的企业所有者还会通过股权或债权融资、股权激励等资本机制为企业发展引进资金和人才——形象地称为借能。

资本模式与创造模式、营销模式之间不断循环发生的储能、借能与赋能，叠加创造模式与营销模式之间的增强反馈循环过程，就会在它们三者之间启动创造顾客的飞轮效应——产品组合不断进化，创造的顾客越来越多，积累的资本（储能）越来越多，资本借能与赋能越来越增强，见图3-1-1。将T型商业模式概要图与飞轮效应示意图叠加在一起，称之为飞轮增长模型。阐述到此，同时就回答了在安索夫的公司战略四要素中，产品的竞争优势是如何形成的、相关经营管理要素如何发挥协同作用等问题；也延伸并充实了德鲁克关于“企业的唯一目的就是创造顾客”这一著名论断。

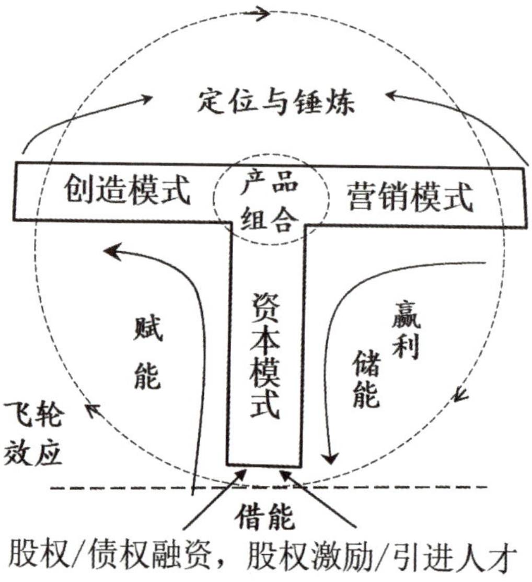

图 3-1-1 T型商业模式的飞轮增长模型示意图

结合第2章讲到的商业模式定位，我们将更加能感受到，将定位、模式（2P）从战略5P中分离出来后，商业模式单独成为一门学科的合理性。商业模式的定位主要是对产品组合定位，而模式主要是指创造模式、营销模式与资本模式。围绕产品组合定位，创造模式、营销模式与资本模式三者联动，形成飞轮效应。在战略规划的指引下，企业的增长循环便开始了。

当然，这里的商业模式特指T型商业模式。笔者已出版的书籍

《T型商业模式》，通过引入诸多知名企业的实践案例来说明创造模式、营销模式与资本模式的构成原理和功能作用。尤其在该书的章节1.4中，详细阐述了小米公司在成长期的创造模式、营销模式及资本模式，以及它们围绕产品组合定位形成飞轮效应、促进企业增长的原理。限于篇幅，仅把原书中与小米商业模式相关的三张示意图引入到此，见图3–1–2、图3–1–3、图3–1–4。

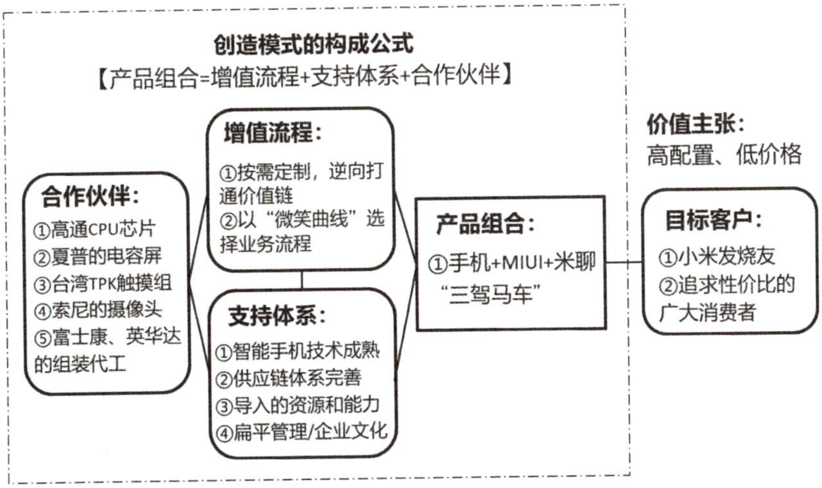

图 3–1–2 小米手机的创造模式示意图

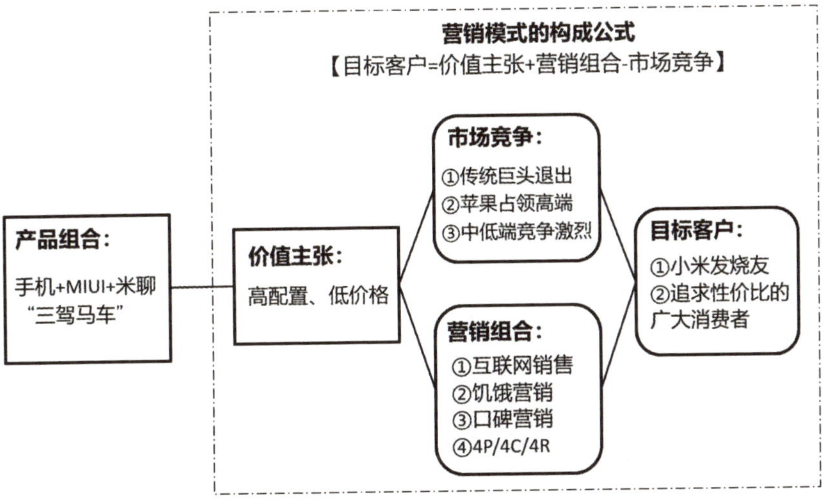

图 3–1–3 小米手机的营销模式示意图

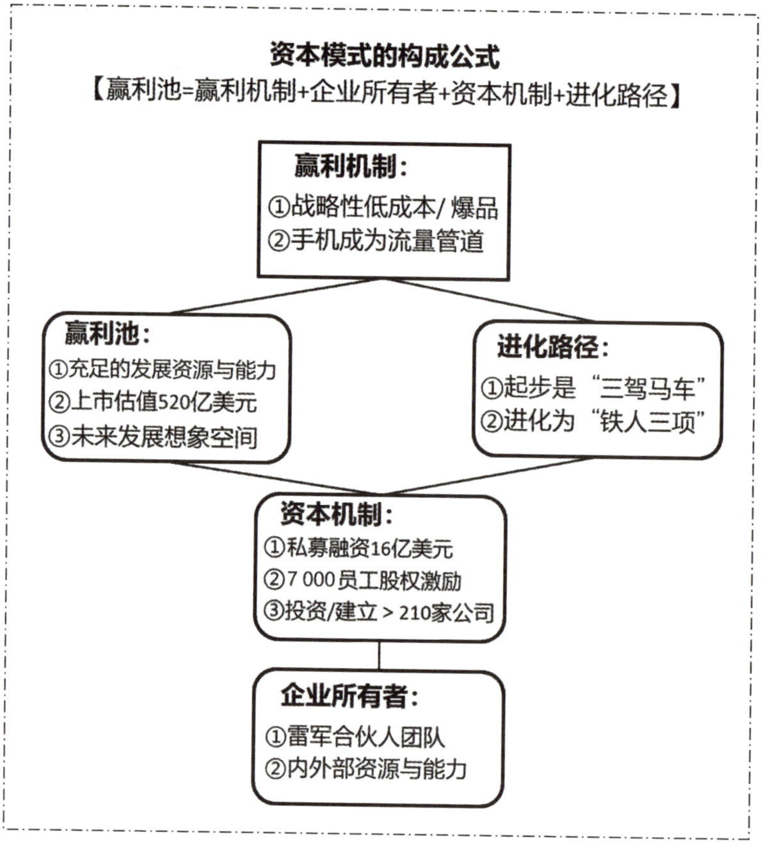

图 3-1-4　小米手机的资本模式示意图

根据马太效应，如果一个企业能有可预期的美好未来，就会吸引风险资本、卓越人才及战略合作伙伴。风险资本希望投资优秀的企业，卓越人才可在全球范围内选择优秀的企业加盟，优秀的企业也会吸引同样优秀的合作伙伴。这样，在资本模式中，企业的资本来源是双向的，一个是自身的资本积累，另一个是从外部引进的资本。

由于优秀企业引进外部资本的能力非常强，它们的资本模式就能更多、更快地对创造模式与营销模式赋能。其结果是，从企业创立到飞轮效应形成，再到增长飞轮高速旋转，所用时间越来越短。反之，如果这些企业是包装或忽悠出来的“优秀”，而实际上自身竞争优势不足，储能的能力远小于借能，蕴藏的风险必然越来越大。确有一些项目，由于资本的“催肥”作用，创业之后很快就成为独角兽企业，但是又经历不长时间，再次回归到艰难生存状态，更有一些独角兽企业摔倒后就彻底失败了。

3.2 创造模式：从熊彼特的新组合到黑手创新、倒金字塔创新

重点提示

※ 严谨地说，技术创新与商业模式创新可以相互比较吗？

※ 技术创新获利比投机取利、经营套利有哪些难度和优势？

※ 为什么说中国中小企业应该更多借鉴德国及日本企业的“黑手创新”？

从创立期到成长期，企业发展贯彻一个增长战略。增长战略是一个可执行的行动计划。它应该以产品组合定位为初始位置，以商业模式为驱动引擎，最终实现企业的增长目标。

商业模式是怎样一个驱动引擎？T型商业模式由创造模式、营销模式、资本模式三部分构成。上一节讲到，它们之间发生循环增强反馈，就会启动创造顾客的飞轮效应。本节及随后的两节，将分别介绍创造模式、营销模式、资本模式的具体构成、连接原理以及它们在创造顾客促进企业成长方面的核心功能与作用。

创业要有一个好产品。在T型商业模式中，创造一个好产品主要在创造模式中完成。2019年，中国上海证券交易所新设科创板（STAR Market），促进更多的科技创新型企业实现IPO。科技创新型企业一定要有优秀的商业模式，尤其要注重构建卓有成效的以技术创新为特色的创造模式。

曾有这样一个问题：技术创新与商业模式创新哪个更重要？商界及学界诸多知名人士纷纷各抒己见，一度争论不休。**从T型商业模式视角，技术创新属于创造模式中支持体系的核心内容，所以技术创新归属于商业模式创新。商业模式创新不仅不排斥技术创新，并且优秀可持续的商业模式必然有强大的技术创新能力。**

德鲁克曾说，要持续创造顾客，企业必须建立两项基本职能：第一是营销，第二是创新。在当今时代，这里的创新主要是指技术创新。从商业模式赢利的角度讲，一种是投机取利，另一种是经营套利，还有最重要的一种叫作技术创新获利。投机取利是短期行为，往往有违法违规风险；经营套利通常是中期行为，很多模仿者来了，套利机会就消失了；技术创新是长期获利，因为技术创新是一个长期的系统工程，模仿者需要一个追赶过程，况且时间不可倒流——马太效应让优者更优，强者恒强。

一个优秀的企业一定有优秀的创造模式。创造模式由四个要素构成，分别是产品组合、增值流程、支持体系、合作伙伴。可以用一个公式表达它们之间的连接关系：产品组合=增值流程+支持体系+合作伙伴，转换为文字表述这个公式：合作伙伴、增值流程、支持体系三者互补，共同创造出目标客户所需要的产品组合，见图3-2-1。

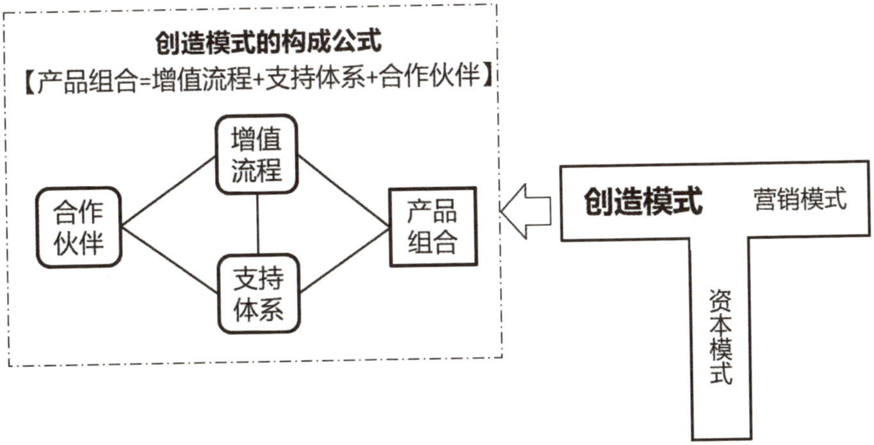

图 3-2-1 创造模式的构成要素示意图

商业模式的创新活动主要集中在创造模式。追根溯源，我们看看创新理论的鼻祖熊彼特怎么说。在1912年出版的《经济发展理论》中，熊彼特认为，所谓创新就是要“建立一种新的生产函数”，即“生产要素的重新组合”（简称为“新组合”）。熊彼特进一步明确指出了

“新组合”创新的五种情况：

①采用一种新的产品；

②控制一种新材料或零部件的来源；

③采用一种新的生产方法；

④开辟一个新的市场；

⑤实现一种新组织。

以上五点中前三点与创造模式中的四个构成要素创新有一致关系。下面具体解释一下。

“①采用一种新的产品”对应于创造模式的产品组合创新，即产品组合的差异化定位。本书第2章已经详细阐述了这方面的内容，并列举了很多实践案例。在T型商业模式中，产品组合创新要符合三端定位，并不像产品思维相关理论只是强调“顾客需求及其痛点、痒点、尖叫点”等单维度的指标，而是对目标客户、合作伙伴、企业所有者三方的价值需求并重思考，即：产品组合含有的价值主张是否能比竞争者更好地满足目标客户的需要；企业与合作伙伴能否共同创造出产品组合；产品组合含有的赢利机制为企业所有者带来了哪些资本积累，以及企业所有者如何为赢利机制构建防御壁垒。当然，像产品思维强调的“顾客需求及其痛点、痒点、尖叫点”等内容指标，无疑是三端定位中目标客户这一端最重要的创新内容构成。

“②控制一种新材料或零部件的来源”对应于创造模式中合作伙伴的关系创新。企业与合作伙伴之间的关系是一种重要的智力资本。丰田汽车对核心供应商持股超过30%，对特色部件供应商持股10%左右。由于建立了这种资本纽带关系，丰田汽车不仅加强了对核心零部件的掌控，而且在管理、技术、资金等方面给予供应商大力支持，促进供应商内部创新及相关合作伙伴之间的协同创新。随着网络化平台型企业的增多及传统制造企业平台化，原来企业内部密集的技术创新逐渐扩散并转移到合作伙伴的创新活动中，联合研发及协作创新也越来越多。

“③采用一种新的生产方法”对应于创造模式的增值流程创新、支持体系创新。以现在的视野来看，熊彼特所说的“新的生产方法”，既包括价值链的创新——创造模式中的增值流程创新，也包括技术创新——属于创造模式中支持体系的核心内容。

此处的增值流程近似等于波特的价值链。中国台湾企业家施正荣发明的微笑曲线模型就属于增值流程创新。对价值链环节进行不同的排列组合，就是增值流程创新。按照资产权重，增值流程创新有两个方向：一个是轻资产方向，例如：依据微笑曲线模型所组合出来的价值链；另一个是重资产方向，例如：中国台湾企业台积电5年投资500亿美元用于半导体芯片工艺的研发、生产。

支持体系可以理解为创造产品组合所需要的关键资源与核心能力。资本模式对创造模式赋能，重点是为其支持体系提供关键资源与核心能力，由此而持续促进企业的技术创新，从而为增值流程和产品组合提供强有力支撑。企业的技术创新主要包括基础科技创新、平台模块创新、产品应用创新三个递进层次，形成一个类似的倒置金字塔结构，简称为“倒金字塔创新”，见图3-2-2。

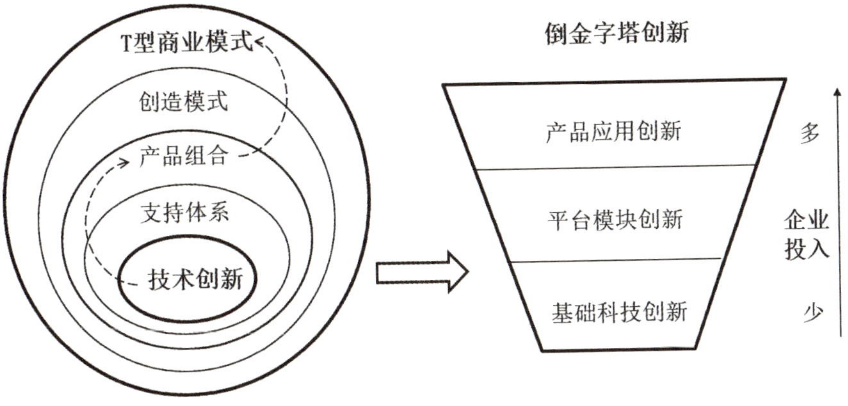

图 3-2-2　技术创新与商业模式创新的关系 / 倒金字塔创新示意图

以众所周知的智能手机为例，基础科技创新包括CPU超微缩、超大带宽移动通信技术、内存、图形处理、影像处理、触屏、安全、交互、系统操作等诸多基础技术的创新突破。此外，手机是一个零部件模块集成的平台，包括外壳、电池、处理器、内存、屏幕、陀螺仪、主板、摄像头等超过200个零部件，其中很多核心零部件模块都需要不断的技术创新与升级，这称为平台模块创新。手机整机厂商采购或部分自己研发这些零部件，然后进行产品应用创新，最后集成为市场上销售的成千上万种手机品牌和型号。

基础科技创新一部分在大学和科研院所等专业研究机构完成，一部分由技术领先型企业完成。搞基础科技创新的组织，可以采用专利许可盈利形式，也可以向平台模块企业创新、产品应用创新延伸而获得赢利。从事平台模块创新的企业，一般通过向下游整机厂商出售零部件赢利，也可以延伸到产品应用创新从而面向终端消费者出售整机。整机厂商直接面对顾客需求，以产品应用创新为主，但是为了构筑防护壁垒及减少交易成本，也会向上游延伸进行平台模块创新及基础科技创新，成为掌握核心科技及控制关键零部件的整机厂商。

中国华为创始人任正非曾说：华为已经进入“无人区”！这句话是指：华为需要走出迷茫，因为面向未来的基础科技创新已经无人领航。较长期的跟随者战略，让华为形成了围绕客户需求创新的文化，所以技术创新更多是在行业领先者的基础上进行改良性创新。成长为行业领先者后，华为技术创新的使命转换为引领客户需求，定义行业标准，培育出颠覆性的创新技术。正如任正非所说：“没有理论突破，没有技术突破，没有大量的技术积累，是不可能产生爆发性创新的。”正因为有这样清醒的认识，华为在多年前就将基础创新提升为“2012实验室”这个一级部门负责，并设立图灵实验室、诺亚方舟实验室、香农实验室等，致力于基础理论研究，面向未来的客户需求开展科技创新。

中国有数千万的中小企业，它们并非一定要投入大量科研经费进行高新技术创新，而是可以借鉴德国、日本相关企业的经验，进行低投入的中低技术创新，面向客户需求持续提高产品竞争优势。这些德国、日本的相关企业，经常采用一种混合创新的模式，以客户需求为导向，将可用技术对现有产品进行微创新，通过持续改进以获得更高的产品质量和性能。这些技术创新存在于精益制造和现场改进中，需要丰富的现场经验，而非高深的理论知识，以商业机密和技术诀窍的形式存在，很难被竞争者模仿。这些技术创新通常由现场工程师甚至一线工人参与完成，他们的手上经常沾满油污，所以人们将这种创新形象地称为“黑手创新”。

技术创新是创造模式中支持体系的核心内容。根据创造模式的公式“产品组合=增值流程+支持体系+合作伙伴”，产品组合创新来自增值流程、支持体系、合作伙伴三者创新的叠加和协同作用。随着市场竞争加剧、科技进步加快，技术创新在产品组合创新中发挥的作用将会越来越大，创造的价值或产生的效益将会越来越显著！

从创立期到成长期，企业发展贯彻一个增长战略。企业只有不断创新，才能让产品具有独特的竞争优势，从而持续创造更多的顾客；只有不断创新，才能构建起防护壁垒，让企业的利润区不断扩大。

3.3 营销模式：科特勒的《营销管理》应该怎样简化？

重点提示

※ 为什么说营销模式公式是至简的市场营销学第一性原理？

※ 如何扩展目标客户的范围？

※ 中国创造不彰而中国营销恒强的根本原因在哪里？

创造模式负责打造一个好产品。虽然说“好酒不怕巷子深”，但是丰裕经济时代顾客的选择越来越多，所以市场营销的重要性不言而喻。一直以来，中国企业应该比日本、德国的企业更重视营销，各种各样炒作的、流行的营销理论都能在中国找到拥趸。

笔者作为风险投资从业者，在投资高科技项目过程中，发现了一个有趣的现象：科技专家作为创业领头人，在工作实践中几乎都学会了营销，并成为企业中的营销高手。笔者在沟通中了解到，他们没有时间阅读市场营销学书籍，也几乎不参加各种各样炒作的、流行的营销绝招培训等活动。

还有中国格力的董明珠，加入格力第二年（1992年），她在安徽的销售额突破 1 600 万元，占整个公司的八分之一。随后，她被调往几乎没有一丝市场裂缝的南京，一年内个人销售额又上蹿至 3 650 万元。当时，董明珠是一个基层销售员，还没有大学学历。那时，MBA教材及相关营销理论还没有被中国的商学院引进。

而今，“现代营销学之父”菲利浦·科特勒的《营销管理》已经更新到15版了，大而厚的一部书，有800多页23章之多。他还与人合著了一本《市场营销学》，500多页的一本大书。看完这两本书，我们满脑子是知识，如何将营销简单化呢？

在T型商业模式中，营销模式是一个只有4个要素的公式：目标客户=价值主张+营销组合−市场竞争，见图3–3–1，用文字表述为：根据产品中含有的价值主张，通过营销组合克服市场竞争，最终不断将产品销售给目标客户。

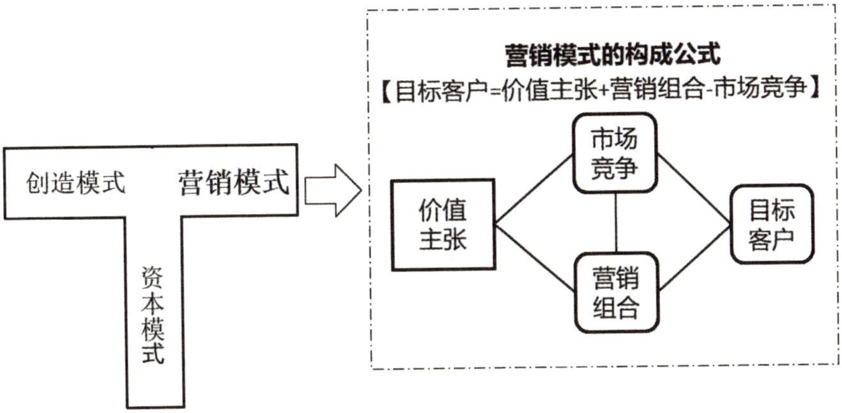

图 3–3–1 营销模式的构成要素示意图

营销模式分为两部分内容：**第一部分是目标客户如何与价值主张匹配，从而为企业可持续地创造顾客。目标客户之所以要购买企业的产品是因为产品中含有的价值主张更符合目标客户的需求。**

目标客户这个概念好理解，是指那些购买公司产品的主要客户群体。目标客户是一个内涵清晰而边界模糊的概念，并且目标客户的边界范围常常处于动态改变之中。如何找到目标客户？可以用STP理论来协助，即市场细分（Segmentation）、选择适当的市场目标（Targeting）和产品定位（Positioning）。处于STP三步骤中间的“选择适当的目标市场”，其实就是选择目标客户；第三步“产品定位”就是提炼产品的价值主张。

价值主张决定了企业提供的产品组合对于目标客户的实用意义，即满足了目标客户的哪些需求。客户购买产品是为了满足自己的某些需求。有的客户不清楚自己需要什么或者表述不出来，需要听听企业对产品价值主张的表述。如果两者基本一致了，相对于其他产品来说，这家企业的产品是最适合的，双方就可能达成交易。潘婷定位于“营养发质”，飘柔定位于“柔顺发质”，海飞丝定位于“去除头屑”。宝洁公司的三款洗发水各有不同的价值主张，因此将分别吸引有对应需求的目标客户购买。

与蒸汽机活塞往复循环运动一样，目标客户需求与价值主张之间的匹配是一个不断优化迭代的过程，见图3-3-2。**结合STP定位，从目标客户需求→提炼价值主张→构建产品组合，这个以终为始的过程是一个“创造价值”的过程，属于创造模式的核心内容。然后是从产品组合构成→表述价值主张→促进目标客户购买，自始至终是一个“营销价值”的过程，属于营销模式的核心内容。**产品经理的主要工作就是将上述“活塞式往复循环运动”当成一个工程项目来管理。

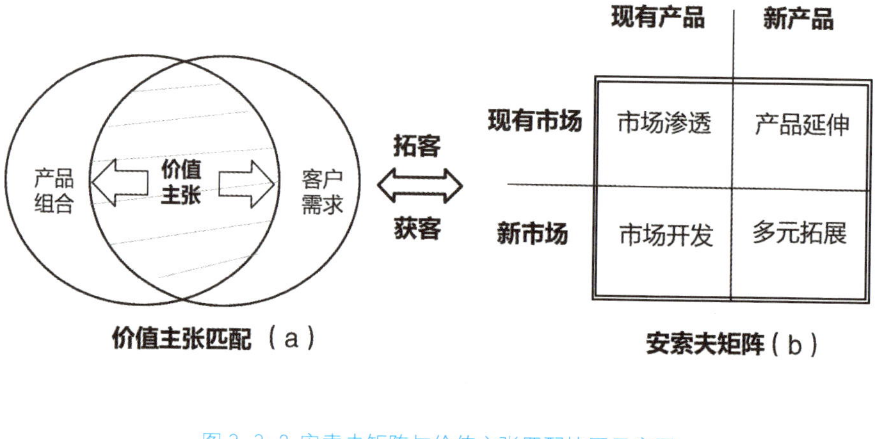

图 3-3-2 安索夫矩阵与价值主张匹配协同示意图

如何扩展目标客户的范围？STP理论继续有效，即扩大细分市场或发现更多的细分市场。另一个可供参考的结构化思维工具就是安索夫增长矩阵。安索夫博士于1957年提出安索夫矩阵：以产品和市场作为两大基本前进方向，组合成“市场渗透、市场开发、产品延伸、多元拓展”四种开辟市场空间、扩展目标客户的增长策略，见图3–3–2（b）。

市场渗透——以现有产品聚焦于现有的市场地盘，增加目标客户的数量及它们的重复购买率。例如：2012年滴滴出行在中国北京市创立时日均订单量寥寥无几，3年后仅北京市场的滴滴出行订单量已经是美国纽约市全部打车应用订单量的5倍以上。

市场开发——以现有产品积极开拓新市场，扩大原有细分市场或增加相关细分市场。例如：滴滴出行从北京市场扩展到全中国数千个大中小城市及世界一些国家的重点城市。因此，到2017年，滴滴出行年订单量突破74.3亿个。

产品延伸——推出新产品给现有市场的目标客户。例如：除了早期产品出租车、专车外，滴滴出行后来又细分了专车业务，并推出系列新产品：礼橙专车、顺风车、拼车、豪华车、代驾、小桔租车等。

多元拓展——保留老产品和原有市场地盘的同时，积极研发新产品并拓展新市场。例如：以自身流量优势，滴滴出行已经开始布局金融、广告等业务，未来也可能向造车、AI定位或相关消费品方向拓展。

在成长期，企业贯彻一个增长战略，以持续创造更多顾客。根据以上营销模式的第一部分内容，增长战略看起来很简单，就是目标客户与价值主张匹配，将更多的产品卖给更多的目标客户。营销模式的第二部分主要表达的意思是：通过构建一个营销组合，让企业克服市场竞争的阻力。因为目标客户被多个厂商的产品所吸引，所以企业必须通过一个营销方案向目标客户宣传产品中含有的独特价值主张，将他们从竞争者那里迁移到自己这边来。

此处的营销组合代表企业选择的营销工具或手段的一个集成。经典系列的营销工具有：营销4P、4C、4R、4V等。互联网的出现，又创造出了很多营销手段，例如：社群营销、裂变营销、大数据营销等。

尽管中国制造转变为中国创造需要再加速，但是营销创新继续领跑，花样推陈出新、越来越多。“网红”带货、“安利种草”、资本补贴、“上瘾疯传”一夜之间都成了非常流行的营销手段。不论经典营销工具，还是流行营销手段，企业因地制宜，从中优选一些，并将它们整合在一起，就形成了企业的营销组合。针对一个具体的产品营销活动，选用营销组合的相关工具和手段，为产品促销设计一个可执行的营销方案。

还以滴滴出行为例，创始人程维2012年拿着80万元自有资金在北京艰难创办滴滴时，摇摇招车已经是互联网约车的老大，并且拿到了红杉资本300万美元的投资。只是滴滴出行的创业团队更加骁勇善战，一路走来“PK”掉了30多家竞争对手，最终成为独角兽排行榜上的前十名之一。从2012年成立以来，滴滴先后经历了4次比较激烈的商业地位大“PK”：创立时与摇摇招车等北京本地公司的“PK”、与快的打车全国市场的“PK”、与Uber全球市场的“PK”、与美团跨界入侵者的“PK”。资本补贴超过200亿人民币后——其实就是烧钱争取目标客户、开拓市场地盘，最终滴滴出行似乎成为一家独大的大赢家。据资料显示，截至2019年上半年，滴滴出行累积亏损390亿元。仅2018年，滴滴就亏损109亿元。

对于网约车商业模式来说，创造模式看起来比较容易模仿，产品组合差异化不明显，营销模式似乎也没有难度。但是，网约车市场竞争非常激烈，而营销组合中对应的主要手段就是烧钱补贴。最后大家比拼的是资本模式——看谁家创始人更有魅力，能吸引到更具实力的投资人；看背后的战略投资人谁更垂涎这个市场的巨大流量，愿意付出代价追求协同效应。

综上，根据营销模式的公式“目标客户=价值主张+营销组合-市场竞争”，我们简单阐述了T型商业模式中关于市场营销的基本逻辑——流行的说法叫作“第一性原理”。当今关于市场营销的理论书籍越来越多、越来越厚。从盛放知识的角度看，教科书的理论体系与实践需要的逻辑体系是两个不同的容器。教科书的知识容器似乎越面面俱到、越庞大繁杂越好，而实践需要的知识容器应该更有针对性，并且要遵循基本的市场营销逻辑。一线营销实践人员要找到市场营销的第一性原理，即基本的市场营销逻辑，在此基础上可以选择性地吸收各种市场营销教科书及各种各样炒作的、流行的营销经验或绝招。

创造顾客与企业成长离不开市场营销，但是市场营销不是孤立的，而是营销模式与创造模式循环联动，并与资本模式形成飞轮效应。抛开创造模式和资本模式，甚至抛开营销模式的其他要素，只是重视各种新鲜或流行的营销手段和工具——例如："网红"带货、"安利种草""上瘾疯传"、广告定位、"会销忽悠"等，常常让企业欲速而不达。如果企业要拥有这样的成长期或增长伎俩，那么短期看会让企业获得了顾客，而长期看则让企业失去了前途。

3.4 资本模式：活水源流才能构筑企业护城河

重点提示

※ 您对赢利池概念有什么改进建议?

※ 企业护城河的六大构成要素包括哪些内容?

※ 什么是企业的“硬资本”?

T型商业模式包括三个部分：创造模式、营销模式和资本模式，用公式表示三者之间的关系：商业模式=创造模式+营销模式+资本模式。前两节简要阐述了创造模式、营销模式在创造顾客及促进企业成长方面的基本逻辑和作用机理。资本模式共有五个要素：赢利机制、企业所有者、资本机制、进化路径和赢利池，可以用公式示意它们之间的关系：赢利池=赢利机制+企业所有者+资本机制+进化路径，转换为文字表述：赢利池需要赢利机制、企业所有者、资本机制、进化路径四个要素协同贡献，见图3-4-1。

赢利池表示企业可以支配的资本总和，它主要取决于资本存量和赢利池容量两个衡量指标。资本存量代表着赢利池汇聚着企业内生及外部引进的各类资本；赢利池容量代表着企业未来的成长空间，一般以企业估值或企业市值来近似衡量。企业可以支配的资本总和与企业的资本存量和赢利池容量存在正向相关关系。

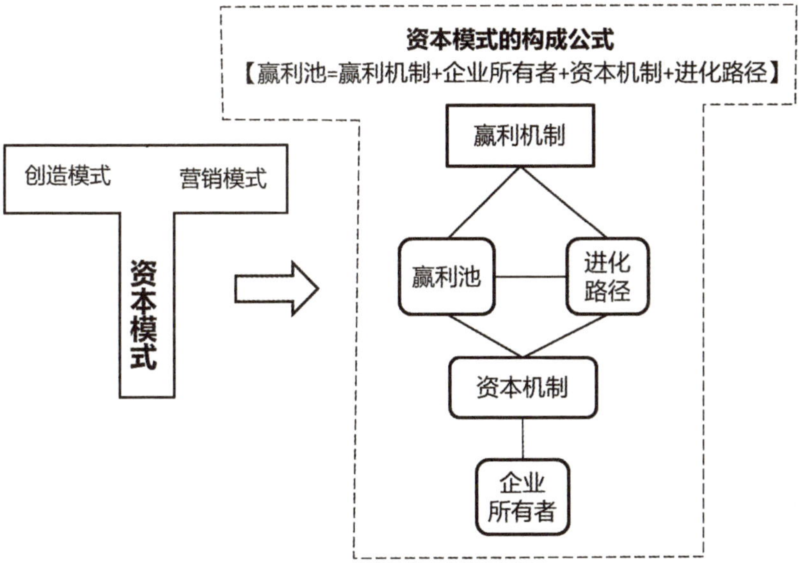

图 3-4-1 资本模式的构成要素示意图

在商业模式范畴内，这里的资本是指广义资本。简单地说，资本就是企业资源与能力的集合。我们通常会强调企业的关键资源与核心能力，它们是企业资本的最重要部分。详细展开而言，企业资本包括物质资本、货币资本和智力资本等内容。物质资本与货币资本比较好理解，而智力资本是一个新概念。笔者认为智力资本是指企业拥有的无形资产、资源及其协同涌现出的各种有价值的能力，主要包括人力资本、组织资本和关系资本三个方面内容（详见章节4.1的阐述）。

我们将资本模式的构成公式稍做拆解，可得知赢利池由以下三个部分决定：

第一，赢利机制越优秀，单位时间内通过创造模式和营销模式获得的企业赢利就越多，有助于增加赢利池中的资本存量和赢利池容量。赢利机制是指企业通过产品组合实现赢利以建立竞争优势的原理及机制。商业模式的赢利比会计学上的盈利内容更广泛——赢利表示企业经营过程所获得的能力与资源等广义资本（当然也包括了会计含义的盈利）。例如，麦当劳能从美国芝加哥的一家小型汉堡店逐渐发展成为拥有30 000多间分店的世界500强企业，主要是因为它有优秀的赢利机制。单从现金赢利来说，麦当劳的赢利机制就为企业带来了直营店收入、加盟店收入、地产收入、供应链收入、区域业务所有权转让收入五大类赢利来源。

第二，企业所有者利用资本机制可以改变赢利池中的资本存量。此处的资本机制主要是指企业所有者通过股权融资、股权激励、抵押贷款、内部创业、对外投资、并购重组、战略合作等资本运作形式，为企业引进资金、人才等发展资源，拓展企业发展空间，促进商业模式创新和进化。企业所有者名义上是指全体股东，而实质上发挥作用的是有权决策对外股权融资、股权激励、对外投资合作等资本机制层面操作事项的一个人或一个小组。具体到企业现实的决策场景，往往是企业掌门人、创始人或核心团队掌管了这些决策权，而股东会、董事会等往往是一个正式的法律形式。

根据企业发展需要，企业所有者可以对赢利池进行输入或输出资本的操作。在创立及成长期，企业贯彻增长战略，企业所有者可以通过股权融资、股权激励、抵押贷款等资本运作形式为企业输入需要的货币资金、关键人才等重要发展资源。在扩展及转型期，企业所有者通过对外投资、并购重组、内部创业、战略合作等输出资本的运作形式，寻找新的业务增长点、拓展企业发展空间。

对处于创业阶段的企业来说，企业所有者通过对外股权融资，主要解决企业发展中资金短缺的问题。通过设计一个优选的资本机制，企业在股权融资的同时还可以获得未来投资者给予的战略性资源支持。例如，2014年时，京东释放15%股权获得腾讯2.14亿美元现金增资，并将腾讯的QQ网购、拍拍网并入京东。根据双方的合作协议，腾讯将向京东提供微信和手机QQ客户端的一级入口位置及其他平台性支持。

对于具备一定实力的企业来说，通过实施对外投资合作、兼并收购、IPO等资本运作方案可以实现超常规发展，图谋跃迁式地增加企业赢利池的资本存量和赢利池容量。2010年，中国吉利汽车以18亿美元从福特汽车手中拿下了沃尔沃轿车100%股权。10年后，吉利汽车谋划推进沃尔沃轿车IPO，期望市值在300亿到400亿美元之间。吉利收购沃尔沃，不仅是估值增加或倒手赚钱那么单一，还有“1+1>2”的协同效应及一石多鸟的并购溢价。例如：①与国际大牌成为兄弟后，带动吉利产品快速改进；②有沃尔沃品牌加持，有利于吉利形象提升，增加吉利汽车的销售量；③吉利不仅获得了沃尔沃的技术支持、人才输送等多项加持，而且吸收了沃尔沃的品牌理念以及运营管理等。

第三，构成公式中的进化路径是指商业模式的进化路径。商业模式的进化路径与战略规划对接，就是企业的商业模式战略。商业模式的进化路径改变着企业未来的成长空间，主要对赢利池容量产生影响。

以阿里巴巴为例，我们进一步解释商业模式的进化路径。1999年创立时，阿里巴巴只是一个提供贸易信息服务的网站，注册资本50万元。2003年至2007年，阿里巴巴的商业模式进化为淘宝、支付宝、1688网站三足鼎立。发展至2014年，阿里巴巴发展成为一个产业集团，裂变出天猫、菜鸟、阿里妈妈、全球速卖通、飞猪、阿里云等25个事业部，向商业生态系统方向进化和发展。至今，阿里巴巴已经是一艘产业航母，通过内生发展和外延并购引领新零售、移动支付、人工智能等多个新兴产业，提出建设“商业操作系统”新方向。赢利池容量代表了企业未来的成长空间。以企业估值或企业市值来近似衡量赢利池容量，2014年9月阿里巴巴在纽交所上市时企业市值达到2 383亿美元，位列全球企业市值排名前十。纽交所上市后，阿里巴巴的市值还在增长，一度超过5 000亿美元，说明全球资本市场看好阿里巴巴的未来发展空间。

综上，根据资本模式的公式：赢利池=赢利机制+企业所有者+资本机制+进化路径，增加赢利池的容量和资本存量，可以通过赢利机制、资本机制、进化路径三个通道实现。赢利机制是内生的资本通道；资本机制是外拓的资本通道；进化路径改变着企业未来的成长空间。三者之间存在着增强反馈的协同效应：企业的赢利机制优秀，企业所有者通过资本机制对外融资或投资的能力就强。反之，有时成立，有时不一定成立，是因为创业投资的不确定性较大。明确而有吸引力的商业模式进化路径，有利于赢利机制的健康发展及企业所有者对外进行投资、融资等资本输出输入操作。

之前，我们将资本模式的功能作用形象地概括为赋能、借能和储能，而赢利池就是资本模式发挥赋能、借能和储能作用的往来枢纽和“中心水库”。无论对创业者还是投资者，创业都是一项风险投资，必然收益和风险并存。基于风险考虑，赢利池还承担着防护壁垒的作用，或者说承担着企业护城河的作用。

巴菲特投资一个公司，通过长期持有而获得复利增长，所以他非常重视被投资公司的“护城河”。参考《查理・芒格的原则》一书中巴菲特的老搭档查理・芒格先生对企业护城河的总结，在此给出企业护城河的六大构成要素：

① 供给侧的规模经济，转换为商业模式语言就是创造模式中有战略性低成本优势，对应的战略性低成本能力属于企业智力资本的一部分。例如沃尔玛，卖出的产品越多，它的成本就会越低，企业防御竞争的壁垒就越强。

② 需求侧规模经济，又被称为网络效应，在商业模式中属于智力资本中的关系资本。网络效应特指一项产品或服务，用的人越多，也就越有价值。最典型的例子是微信，用的人越多，就会吸引更多的人加入，用户本身都是企业护城河的一部分。

③ 品牌，在商业模式中属于产品组合的一部分，也是企业重要的智力资本。比如阿里巴巴、可口可乐、格力、耐克这样的公司，拥有强大的品牌护城河。可口可乐前董事长伍德鲁夫有一句名言：“假如我的工厂被大火毁灭，假如遭遇到世界金融风暴，但只要有可口可乐的品牌，

第二天我又将重新站起。”无疑，品牌也是企业的智力资本。

④ 专利、专有技术，在商业模式中属于智力资本中的组织资本。例如：路博润公司拥有润滑油添加剂行业的1 600多项专利。用巴菲特的话说，这让公司拥有了持久的竞争优势。

⑤ 政策独享或法定许可，在商业模式中属于智力资本中的关系资本或组织资本。例如：在中国，金融业务准入牌照可以认为是一个企业的护城河。因为有了这些准入牌照，“圈内”的竞争者数量大大减少了。

⑥ 客户转换成本，在商业模式中属于智力资本中的关系资本或组织资本。客户转换成本是指客户从一个产品或服务的供应商转向另一个供应商时所产生的一次性成本。例如：盈德气体公司的主营业务是通过建设“厂中厂”为大型钢铁企业供应工业气体。由于盈德公司的气体工厂建设在这些大型钢铁厂的内部，并且通过气体输送管道与钢铁厂的生产车间有机一体地连接起来，所以这些大型钢铁企业转换供应商的成本就会非常高。也就是说，盈德气体的商业模式具有很高的客户转换成本，必然护城河非常强大和牢固。

企业可持续发展才是硬道理！企业构筑一个坚固的赢利池防护壁垒，既要防止外部竞争者的“偷袭”与颠覆，更要防止内部核心能力和资源跳出赢利池而被无谓耗散或转变成为竞争对手的力量。除了以上列出的企业护城河六大要素，企业更要具备核心竞争力，促进业务扩张和商业模式进化。拥有更多的关键资源和核心能力等“硬资本”才是企业可持续发展的活水源流，而活水源流才能构筑起真正的企业护城河！

3.5 面对战略竞争，企业如何用“五力合作模型”对冲？

重点提示

※ 将竞争转变为合作有哪些具体方法?

※ 鬼谷子所说“内实坚，则莫当”，对于创业有什么启发意义?

※ 与外资合作时，为什么中国法士特公司能够拥有主导权?

围绕产品定位，创造模式、营销模式与资本模式三者联动，形成飞轮效应，企业的增长循环便开始了。增长循环也是执行商业模式定位的过程，即通过优化迭代，保持产品的创新优势，实现优异的销售业绩。本书第2章讲到，三端定位追求的是合作伙伴、目标客户、企业所有者三者合作共赢，因为它们都是构建产品创新优势的主要合作力量。除此之外，合作的对立面是竞争，如何消解竞争力量或将竞争转化为合作，对于企业发展来说意义重大。人们都说“21世纪最贵的是人才”，核心人才对于企业成败同样不仅不可小觑，更应该放在战略高度看待。因此，如何与竞争者合作及发挥核心人才的合作力量，也是构建产品创新优势所要重点关注的内容。综上所及，合作伙伴、目标客户、企业所有者、竞争者、核心人才是企业可以聚合在一起的五种主要合作力量。根据系统构成原理，有了这五种合作力量，还需要将它们连接起来，以发挥出1+1＞2的协同效应。

围绕持续构建产品创新优势，为了实现持续创造顾客的增长战略，更系统地发挥合作伙伴、目标客户、企业所有者、竞争者、核心人才这五种力量的合作功能，将它们构造组合在一起形成一个合作模型，简称为五力合作模型，见图3-5-1。

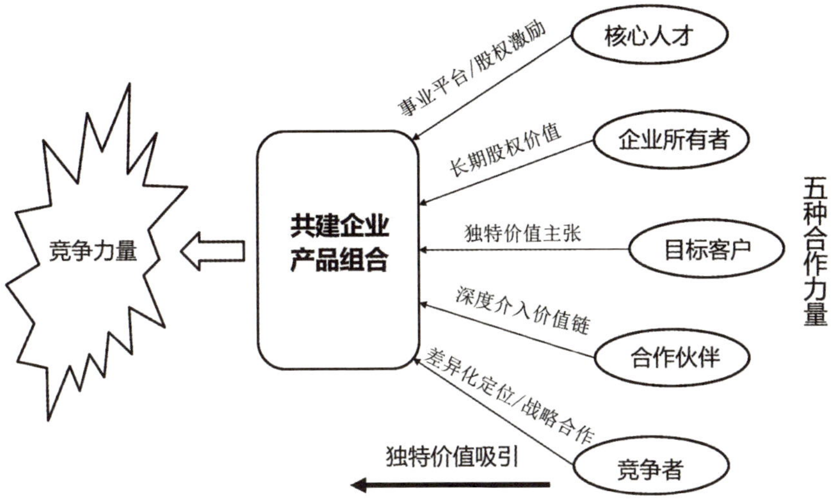

图 3-5-1 五力合作模型示意图

合作的对立面是竞争，根据波特五力竞争模型，尤其在丰裕经济时代，同业竞争者、潜在竞争者、替代品竞争者越来越多；供应商努力争取自己的利益；顾客到处比价，然后讨价还价。通常情况下，产业结构中的竞争力量很强大，而企业能够获得的合作力量很弱小。

五力竞争模型是对产业结构中主要竞争力量的分析、归纳和组合，而具体企业中面对的竞争力量还会更多一些，例如：核心人才流失、企业所有者之间利益争执或分裂，都可能对企业发展构成威胁甚至致命打击。面对竞争，企业不得不应对竞争，而合作是最好的策略。五力合作模型旨在集合与企业相关的重要合作力量，聚焦于持续构建产品创新优势，以消解竞争力量，并将竞争转化为合作。

五力竞争模型的构成要素与五力合作模型的构成要素之间并不是一一对应的关系。五力竞争模型中的顾客等同于五力合作模型中的目标客户；供应商类似于五力合作模型中的合作伙伴；同业竞争者、潜在竞争者、替代品竞争者，在五力合作模型中统称为竞争者。五力合作模型额外增加的两个合作力量分别是企业所有者与核心人才。

在具体使用上，企业创立期或计划开发一个新产品时，基于拥有的能力和资源，应该用五力竞争模型对比性评估一下，察看产业结构中的同行竞争者、潜在竞争者、替代品竞争者、供应商、顾客这五种竞争力量有什么特点、强度大小及转化为与企业合作的可能性。而一旦执行创业或新产品上市，围绕构建产品创新优势，企业应该根据五力合作模型，逐渐将各种竞争力量尽力转化为合作力量。正如小米创始人雷军所说，“把朋友搞得多多的，把敌人搞得少少的”。

对于企业而言，从利益关系角度考虑，经营过程中既有竞争者也有合作者，统称为企业的利益相关者。中国的太极图启示我们，竞争与合作是一对矛盾，竞争中有合作，合作中也有竞争，两者是可以相互转化的。也就是说，在一定条件下，竞争者可以转化为合作者，合作者也可以转变为竞争者。

战略更多谈及竞争，而商业模式强调合作。让合作力量大于竞争力量，需要有扭转乾坤之术。对于某一个竞争力量来说，如果企业对它而言具有独特价值吸引，就可以减弱其竞争力量而增加相互之间的合作。例如：2018年5月，阿里巴巴通过投资入股成为苏宁易购的第二大股东，从此双方从竞争转变为深度合作。苹果产品对顾客而言有独特价值吸引，所以新产品上市经常会吸引顾客争相购买并积极进行口碑传播。波音公司对供应商开放所需技术资料和数据，提供实时协作系统，供应商便愿意投入资金参与波音新型号飞机零部件的研发并承担相应的风险。

俗话说“打铁还需自身硬”；鬼谷子说“内实坚，则莫当”！为构建产品创新优势，企业要有强烈的合作意愿并付诸行动，通过构建对利益相关者的独特价值吸引，从而在不断减弱对方的竞争同时增加相互合作。“会当凌绝顶、一览众山小”，通过五力合作模型的指引，企业努力构建合作优势，不断消解面对的竞争，合作力量大于竞争力量的那一刻就会到来。

合作必须有共赢的思维，应用五力合作模型也不例外。对于企业而言，通过减弱利益相关者的竞争并增加合作，聚焦于持续构建产品创新优势。对于利益相关者来说，它们要从与企业合作中获得好处，所以对它们而言企业要有独特价值吸引。五力合作模型应该聚焦于找到相互的合作点，从而将彼此利益统一起来。针对五种合作力量，下面分别简要论述（可参见图3-5-1的文字简述）：

企业与目标客户之间，利益本来就是统一的。产品创新优势越大，越能更好地满足目标客户的需求，企业必然更有独特价值吸引，目标客户就更愿意合作。更多的合作意味着目标客户的讨价还价能力减弱，更愿意选择企业的产品及口碑传播。除了产品吸引，与目标客户合作方面还可以有很多延伸创新，例如：与客户联合搞产品研发，建立客户社群，让产品变服务、一次性销售变成根据使用时间或次数收费，甚至让客户办卡充值、建立消费积分体系也是一种合作形式。

企业与合作伙伴彼此应该形成利益共同体，共同构建产品创新优势。对于合作伙伴来说，企业带来的独特价值吸引可以是投资入股、建立协作研发或资金互助平台、导入管理体系、合理利润率、及时付款、供应商认证等。

在法律形式上，企业所有者指企业的全体股东。企业股东更看重企业的未来可持续发展，这也是企业能为他们带来的独特价值吸引。企业争取股东的合作或协助，应该围绕长期利益展开。有句话说得有道理，“现在分蛋糕，不如把蛋糕做大”。

核心人才属于企业的智力资本。但是，企业与核心人才友好合作并不容易，不确定性比较大。实施股权激励、阿米巴经营、合伙人分享制，创建优秀文化及分配机制，提供优越的物质待遇，协助搭建事业平台等，都可以成为企业与核心人才合作的独特价值吸引。

企业与竞争者之间的实质性合作确实很难，也许重点应该放在如何减弱相互之间的竞争。企业对于产品组合的差异化创新本身就是为了避开同业竞争者。如有机会，彼此还可以设法为对方带来独特价值吸引，以寻求双方在投资持股、开拓新市场、专利互换等方面的合作机会。

为了更好地认识以上五力合作模型，我们引入一个企业实践案例加强说明。

法士特汽车传动集团（以下简称“法士特”）在2000年之前叫作陕西汽车齿轮厂（以下简称“陕齿”），当时是一家国有企业，有员工3 000人，经营非常困难，最困难时，曾经四个半月发不出工资，银行贷款加上逾期利息超过5个亿，已经资不抵债。如今的法士特，2018年销售收入近200亿元，盈利优异，其核心产品——中重型汽车变速器年产销量连续13年稳居世界第一位，国内市场占有率超过75%，长期保持行业绝对领先地位。

同一个企业，前后业绩冰火两重天，凤凰成功涅槃的原因在哪里？我们不能迷信，所以不能将原因归为陕齿改名法士特带来的好运。变速器属于汽车零部件。如果用五力竞争模型分析，汽车零部件企业干好很不容易。它们下游受制于整车厂，上游面对原材料价格波动和涨价，同行之间竞争非常激烈；如果产品没有技术含量，潜在竞争者很容易闯进来，价格战不可避免，最后导致各家企业日子都艰难。

同样的产品方向，为什么陕齿濒临破产而法士特获得巨大成功呢？遇到这样的案例，通常将原因归为依靠技术创新及产品升级，但是技术创新及产品升级要依靠强大的资本实力，一个资不抵债的中小型企业如何能做得到？

这要说到能扭转乾坤让“陕齿”变成“法士特”的传奇人物——李大开先生。

早在1986年，李大开就已经是陕齿的产品设计室主任，为企业设计了第二代产品——六挡全同步器变速器。因符合国情，直到现在法士特还在生产这款产品。1995年7月，李大开临危受命被提拔为厂长。

由于历史原因，随后四年企业经营历经最艰难的时期。李大开带领干部职工不畏艰难、积极进取，终于在第五年即2000年陕齿初步实现扭亏为盈。

1. 与企业所有者合作

虽然企业扭亏为盈了，但是要持续发展还是很难，不仅资金严重短缺，而且欠银行的5个亿仍旧是一个巨大的包袱。峰回路转，终于在2001年陕齿成功获得了当时的上市公司湘火炬投资入股。湘火炬投资陕齿1.31亿人民币，股权占比51%，处于绝对控股地位。从此之后，陕齿改名为法士特。

作为产业投资，又是控股股东，湘火炬必然很强势。在投资入股后的第一个董事会上，湘火炬派来的代表要求法士特管理层投资或开发产品等事项必须先打报告，经过批准后才能进行。李大开坚决不同意，理由是股东这样管控具体经营严重束缚了企业创新和发展的手脚。双方僵持之下，湘火炬董事长聂新勇出面调解，他问了大家三个问题：

第一个问题，5位董事中有谁比李大开更懂产品？大家都说，李大开搞设计，科班出身，我们肯定不如他。

第二个问题，谁比李大开更了解设备？大家说李大开当了5年厂长，对设备了如指掌。

第三个问题，谁比李大开更懂市场？大家说还是李大开，他除了搞研发，还当了4年销售处长，懂市场、懂经营。

聂新勇说，这三个问题都显而易见，那还有什么理由叫他再给我们打报告。由于董事长聂新勇的积极支持，通过这次董事会李大开为企业最大限度地争取到了经营自主权。

按照前文所述的五力合作模型，湘火炬投资法士特成为重要的企业所有者之一。法士特随后也获得了湘火炬在战略规划、资金融通、行业资源、产业链协同等各方面的大力支持。最重要的是湘火炬给法士特带来了体制上的改变，纯国企变为民企控股，经营自主权增强，市场机制发挥作用，干部员工责任心加强，紧迫感加大，产品质量和生产效率都有了极大提升，企业发展真正驶入了快车道。

2006年潍柴动力吸收合并湘火炬，转而成为法士特控股股东。这一年，潍柴动力积极支持法士特投资近8亿元建设新厂房、扩充生产线；同年，法士特的重型汽车变速器年产销量达到了世界第一。既有马太效应，也是惺惺相惜、英雄所见略同！从产品研发、预算管理、销售服务、核心产业链、资金融通等多方面，潍柴动力和法士特的合作产生了良好的协同效应。

2. 与竞争者合作

如何让竞争者变成合作者？这似乎是世界上最难办的事情，但是李大开带领法士特管理层做到了。

引进湘火炬投资控股后，恰逢中国汽车工业进入快速发展期，法士特在两年内快速做到年产销量20万台变速器，2003年营收达到近12亿元。这时，有百年历史的世界知名变速器制造商美国伊顿公司（以下简称“伊顿”）主动找上门来要与法士特搞合资。

早在20世纪90年代，曾经的陕齿与伊顿之间有过一次深入接触。当时陕齿的上级单位希望通过引进伊顿的先进技术和资金把陕齿救活。伊顿充当救世主角色，合资谈判非常强势。李大开及经营班子坚持原则不让步，双方多轮谈判后不欢而散。而后伊顿公司就在上海外高桥保税区独资建厂生产变速器。伊顿代表曾对李大开说：“李厂长，你再有志气，你再懂行，你再努力，不出3年我们就会把陕齿击垮。”

2003年再次谈合资时，法士特已经今非昔比，而伊顿在外高桥的工厂连年亏损。李大开对伊顿谈判代表说，合资可以，你们坚持控股也可以，但法士特主体暂时不能和你合资，要单独建一家新合资工厂，等成功后再考虑更深入的合资合作。并且伊顿必须把外高桥的伊顿独资厂关掉，以避免同业竞争。

伊顿最后同意了李大开给出的合资条件，新成立的合资公司中伊顿控股55%、法士特参股45%。虽然新成立的合资工厂毗邻位于西安的法士特总部厂区，但是合资合同规定控股方伊顿公司委派的总经理全权负责经营，中方不得参与，甚至非董事会活动邀请，李大开等中方人员不能随便进出合资工厂。

2003年到2008年，双方的合资公司一直由伊顿控股方管理，由于不尊重中国现实情况，产品不对路，每年只有几百台的销量，结果年年亏损。最后合资双方顺利协议分手，法士特1美元买断了伊顿所持55%股份。

有意思的是，第二次合资分手大约4年之后，伊顿公司又主动找到法士特，表示当时没有充分信任和听取中方的意见，才导致了合资公司失败，希望再次合资。这时的法士特年销售收入猛蹿到110亿元，中重型汽车变速器年产销量连续多年稳居世界第一位，中国市场占有率达到70%。这次李大开对伊顿谈判代表说，法士特对外合资合作的大门永远敞开，但是双方合资必须由法士特控股。伊顿公司同意了。2012年，再次成立的合资公司由法士特控股51%、伊顿参股49%，生产经营负责人全部由法士特委派。因为法士特派去的负责人很有经验，了解中国国情和市场，这次合资非常成功。短短几年，合资公司主力产品的产销量就翻了近10倍，取得了良好的经济效益。

这次合资成功，伊顿信心大增。后来法士特又和伊顿成立了一家生产轻卡变速器的合资公司，股比依然是51∶49，由法士特控股。这期间法士特还和世界排名第一的工程机械公司卡特彼勒成立了一家合资公司（生产AT液力自动变速器），法士特控股55%、卡特彼勒参股45%。将竞争变成合作，与世界知名跨国公司成立的这三家合资公司，全部由中方法士特控股。纵观整个汽车行业，这样的案例很少见到。这得益于李大开领导的法士特敢于坚持原则，敢于表达观点和看法，能够预见趋势、能够为合作双方创造巨大经济价值，真正用实力赢得了跨国公司的尊重。通过与世界知名厂商合资，法士特得以尽快进入多个国际国内细分市场，并大大缩短了技术创新及新产品开发周期，让竞争变合作的效益实现了最大化。

3. 与目标客户合作

按照波特的五力竞争模型，顾客（目标客户）作为付款方处于强势竞争地位，设法与供货厂家讨价还价，让自己的利益最大化。任正非说“以客户为中心”，更有甚者说“客户是上帝”。如何将“上帝”这个竞争者变成合作者，看来难度也不小。

李大开认为，与目标客户的合作要由浅入深地展开，针对潜在需求进行战略性产品创新。一直以来，法士特坚持预测产业未来和技术创新趋势，走在市场前面引导需求，提前布局研发并重点为潜在需求研发产品。例如：在与产业链重点客户陕西重汽的合作上，法士特针对其潜在需求，提前多年布局技术创新和研发。当陕西重汽等厂商大批量需要缓速器、12挡变速箱，向轻量化产品升级时，市场上仅有法士特是比较合适的供应商。

滴水石穿，非一日之功；冰冻三尺，非一日之寒。10多年来，法士特先后被东风股份、广汽日野、陕西重汽、福田汽车、一汽解放、上汽红岩、北奔重汽、东风柳汽、江淮汽车、郑州宇通、山西大运、安徽华凌、徐工汽车、江铃汽车、苏州金龙、厦门金龙等几十家汽车主机厂评选为“优秀供应商”。除此之外，法士特还获得了卡特彼勒、伊顿等国际著名厂商颁发的全球优秀供应商或金牌供应商奖牌。

4. 与合作伙伴合作

按照波特的五力竞争模型，合作伙伴（主要指企业的供应商）也可能是企业的竞争者。如果企业经营不善，供应商就会担忧账款及未来，供货上就会敷衍了事，甚至有机会就以次充好或囤货居奇。

与供应商合作时，法士特始终坚持合作共赢，共同创造独特价值。除了为供应商提供必要的技术创新、合作研发及资金扶持等重要协助外，法士特还学习世界先进企业如丰田、江森、霍尼韦尔的先进经验，通过输出自创的KTJ管理体系将供应商变成供应链平台上的合作者。KTJ中的K指科学改进、T指提高效率、J指降低成本。通过KTJ管理体系提升供应商的产品品质及经营管理实力，减少生产过程中的七大浪费，最后双方得以分享共同创造的价值。

5. 与核心人才合作

五力合作模型的最后一项是企业与核心人才的合作。虽然说21世纪最贵的是人才，但是人才也是最难获得及合作的。很多企业初衷是引进高级适用的人才，但是结果引来了很多招牌式人才、伪人才，最终把企业文化搞坏了，没有更好反而更糟！即使引进了优秀的人才，如果处理不好彼此关系，很容易从合作走向竞争。如果双方成见逐渐升级，激发人性之恶，导致图穷匕见，让引进的人才跑到竞争对手那里，情况就更糟糕了。

李大开的人才经为“文化留人第一，事业留人第二，物质留人第三”，并且，三者顺序不能颠倒。事实证明，如果把物质留人放在第一位，不仅人才难留住，还会造成待遇攀比、做事推诿，甚至导致更多有价值的人才流失。

文化留人的重点在理念文化一致，坦诚交流，相互信任，共同崇尚“帮助别人就是帮助自己”的利他原则。事业留人的重点在于让引进的人才有活干，协助人才融入企业平台，助力人才构建自己的事业，并促进个体事业与企业愿景一致。物质留人是指给人才合理的物质待遇，对于已经为企业创造出价值的实打实人才，物质上绝不亏欠甚至一定要超出他们的期望。

一次，公司人力资源部到清华大学招聘，发现有个汽车专业硕士研究生挺不错，但他本人还在犹豫，因为他女朋友已经签约到长春某研究所，所以他准备签约长春某汽研所。李大开听说后，把他请到西安，陪他参观法士特工厂，了解到他确实潜力很大，就答应可以破例给他特殊待遇。

经过几天的彼此沟通，该研究生对法士特文化、对李大开的用人理念有了进一步的了解，遂下决心到法士特来，并且不寻求特殊待遇，主动提出和其他硕士生同等待遇就行。如果以后做出成绩，再给他加薪，那样他心里也坦然。这位研究生入职法士特后，先在车间实习半年，然后回研究院开始搞设计。2015年公司派他到英国里卡多参与新项目研发，在那里学习提高。经过几年的锻炼和成长，他以实际成绩和价值创造得到了企业内部和合作伙伴的一致赞赏和好评，现在已经是法士特研发团队的骨干人才和企业的重要后备力量。

李大开把做好企业当作自己的毕生事业。2013年满60岁时，本该到年龄退休，但陕西省主管部门诚意劝说，让他接着又干了3年。

2016年3月，员工心目中的老厂长李大开要从法士特集团董事长岗位上退休，干部群众恋恋不舍，特别为他举办欢送会，播放精心制作的纪念影像《永远的厂长》。在欢送会上，李大开表态："退就要从法士特彻底退！这个班子虽然是新班子，但我放心，今后我将执行'三不主义'——不干涉、不影响、不指导。"

企业要实现可持续经营，最重要的就是经管团队的顺利更替。前任与后任领导之间不能很好合作就会走向竞争。有些退休的老领导喜欢在原单位留个办公室、保留个影响力的职位、偶尔来指导一番，看似是对继任者"扶上马、送一程"，实际上这可能有点正向作用，但也有较大负面影响。李大开对继任者充满信心！因为他一贯倡导对核心人才的重视，长期致力于对经管团队的更新和培养。

现在的法士特经管团队，人才济济，精诚团结，积极向上，后备力量充足！在董事长严鉴铂、总经理马旭耀等新一代核心领导成员带领下，法士特有了更远大的目标和发展图景。“2030年，法士特要实现3331战略结构调整和销售收入800亿元目标，成为传动系统国际一流大型企业集团。”2018年9月，在庆祝法士特建厂50周年纪念大会上，接任董事长严鉴铂的主题发言掷地有声！

第4章

扩张期：商业模式如何进化？

本章导读

在扩张期，促进商业模式不断进化，需要企业具备核心竞争力。

通俗地说，核心竞争力就是企业能够逢山开路、遇水搭桥从而具备持续成长、再生和健康繁衍的能力。笔者提出的SPO模型给出了核心竞争力的构成要素、阐述了核心竞争力的构建方法和形成过程，解决了原来战略能力学派的核心竞争力理论无法落地的瓶颈问题。

基于企业核心竞争力的T型同构进化模型给我们的启示是，企业的根基产品组合好比一棵大树的树干，树干越强壮，上面的树冠才会丰满茂盛。例如，“淘宝+支付宝”组合是阿里巴巴的根基产品组合。以此出发，在扩张期阿里巴巴执行履带战略，接续繁衍了天猫、菜鸟物流、阿里云、天猫国际、银泰百货、闲鱼等数十个产品或产品组合。

【第 4 章 重点内容提示图 】
核心竞争力的功能与目标

4.1 曾被顶礼膜拜的核心竞争力理论还需补充什么？

重点提示

※ 核心竞争力能给企业带来什么好处？

※ 波特竞争战略与核心竞争力理论如何统一起来？

※ 能力、资源、资本三者有什么区别与联系？

大部分企业跨不过创立期或成长期，扩张和进化就更难了！美国《财富》杂志曾经报道，美国中小企业平均寿命不到7年，大企业平均寿命不足40年。而中国民营中小企业的平均寿命仅2.5年，集团企业的平均寿命仅7～8年。不仅企业生命周期短，能做强做大的企业更是寥寥无几。

进入扩张期，企业需要促进商业模式不断进化，以保持较长时期的可持续发展。而促进商业模式不断进化，需要企业具备核心竞争力。什么是核心竞争力？拗口的理论化解释一大堆，也许通俗化的解释可以让大家更深刻地理解。核心竞争力就是企业能够逢山开路、遇水搭桥从而具备持续成长、再生和健康繁衍的能力。麦当劳原来是一个城镇街边的微型汉堡店，沃尔玛最早是一家偏僻街道上的特价杂货店，阿里巴巴最早期只有马云一个人到处“吹牛”。现在，它们都是世界500强企业，都是各自领域的行业龙头、世界级“巨无霸”公司。无疑，这些企业都具有核心竞争力。

普拉哈拉德与哈默尔两位学者给出了关于核心竞争力的三个检验标准，并且这三个标准也是核心竞争力在促进企业扩张和商业模式进化方面所发挥的重要作用及核心功能。

首先，核心竞争力应该有助于公司进入不同的市场，它应成为公司扩大经营的能力基础。例如，因为在引擎技术方面具备核心竞争力，所以本田公司能在割草机、摩托车、汽车、轻型飞机等多个相关市场领域取得经营佳绩。

其次，核心竞争力对创造公司最终产品和服务的顾客价值贡献巨大。它的贡献在于实现顾客最为关注的、核心的、根本的利益，而不仅仅是一些普通的、短期的好处。显然，本田的引擎技术起到了这一作用。

最后，核心竞争力应当是竞争对手很难模仿的。核心竞争力通常是多项技术与能力的复杂结合，其被复制的可能性就微乎其微。竞争对手可能会获取核心竞争力中的一些技术，却难以复制其内部复杂的协同与学习的整体模式。

为后文表达方便，我们将以上核心竞争力三个检验标准通俗地简称为“有市场、有顾客追随、有护城河”。

普拉哈拉德与哈默尔两位学者于1990年共同提出了企业核心竞争力理论（简称“普哈核心竞争力理论”），从此一举扭转了当时战略研究与实践的重点和方向。

20世纪80年代，迈克尔·波特提出的竞争战略大行其道。当时，竞争战略似乎已经成为企业战略的代名词。五力竞争模型、SWOT分析等工具与方法非常流行，彰显出外部环境对企业战略成败发挥着决定性作用。根据竞争战略的理论，企业应该更多关注产业环境中的竞争对手，通过选择好的产业、在产业中合理定位以及选取三大竞争战略之一来获取竞争优势。竞争战略有其合理性、正确性，但是过犹不及，很多企业不顾自身能力和资源的限制，热衷于抓住外部环境机遇，贸然进入不相关的市场领域，通过收购兼并盲目扩大规模和实施多元化经营。

后来的企业实践证明，盲目采用竞争战略导致竞争加剧，实施价格战等不仅不能带来竞争优势，而且往往是两败俱伤。收购兼并及大力拓展不相关业务领域带来企业管控能力不足、支撑资源短缺、文化分歧巨大等严重问题。不相关的多元化给企业带来的负担远远超出了其带来的效益。理论指导实践，实践推动理论更新。企业仅仅局限于战略竞争的狭窄视野已经不能满足战略规划的需求，客观上需要新的理论来弥补竞争战略的不足及拓展大家对战略管理的视野。

普拉哈拉德与哈默尔两位学者合作提出的核心竞争力理论应运而生。从此，在战略管理的众多学派中，核心竞争力理论独树一帜，成为后来战略管理研究的主流观点。两位学者认为企业的战略成功不能依赖环境机遇等外生变量，而是应该建立在对资源和能力的集聚以及合理利用上。普哈核心竞争力理论扭转了过去只强调竞争战略的理念，以竞争优势内生论弥补了之前战略研究学派的不足，拓展了战略管理的视野；强调拥有的核心能力与关键资源才是企业成功的主要保障，由此而涌现的核心竞争力是企业获得长期竞争优势的源泉。企业积累、保持、运用核心竞争力是企业的长期根本性战略。

显然，波特竞争战略与普哈核心竞争力理论分属两个差异很大的战略学派，但是两者并不相互否定或存在严重冲突，相反它们之间可以互相补充甚至合二为一。**按照战略学者许德音的观点，在企业战略环境的内外部分析中，波特的竞争战略撑起了整个外部框架，而内部问题的解决，则是由以普哈核心竞争力理论为重要支撑的资源与能力学派来完成的。**

根据波特的理论，竞争战略就是在一定的行业结构中通过五力竞争模型、三种竞争战略、价值链理论等分析工具为企业定位。定位最终落实到产品上，其实就是一系列选择的组合。首先让企业进入利润比较丰厚的行业或产业链环节，其次以正确的竞争战略和构建价值链能力来战胜竞争对手、加固竞争壁垒并保持持久的竞争优势。在本书章节1.1中已经谈到，波特的五力竞争模型、三种竞争战略和价值链等应该属于商业模式定位或构成要素的基础内容。

普哈核心竞争力与商业模式有什么关系呢？核心竞争力是一种重要的能力或能力组合，属于能力范畴。企业的能力归根结底来自企业可以利用的资源。设想一下企业创立之初，仅有创始人和注册资本时，企业谈不上有什么能力。后续随着引进人力、资金等资源，让产品组合与市场需求交易互动才逐渐涌现出各种能力。同时，企业能力促进产品组合赢利，又增加了企业资源。总体来说，通过能力、资源与产品组合、企业内外部环境的持续互动，有些企业就形成了核心竞争力。从商业模式的视角看，核心竞争力的核心功能是促进了商业模式中产品组合的成长、扩张和进化。

从广义资本概念来说，凡直接或间接用于经营管理活动的能力或资源都属于企业资本，所以核心竞争力属于企业资本。企业资本大致分为物质资本、货币资本、智力资本三大类别。

物质资本是指长期存在的生产物资形式，如机器、设备、厂房、建筑物、交通运输设施等。在传统的产业经济中，物质资本占据主导地位。但随着经济的发展，知识经济的到来，智力资本不论是在数量上还是收益上都远远超过了物质资本，从而取代了在经济发展中物质资本所一度占据的主导地位。

货币资本是指以货币形式存在的资本，包括现金及现金等价物等。企业的货币资本可以从主营业务的相关交易中获得，也可以通过股权、债权等融资方式获得。

智力资本是一个新概念。美国学者托马斯·斯图尔特（Thomas A. Stewart）认为智力资本是“公司中所有成员所知晓的能为企业在市场上获得竞争优势的事物之和”。他提出了智力资本的“H+S+C”结构，即企业的智力资本价值体现在企业的人力资本（H）、结构资本（S）和客户资本（C）三者之中。斯图尔特的定义及表达似乎有些晦涩难懂，流传到中国后，各位研究学者也一直是照搬硬套。沿袭以上斯图尔特的理论思想，笔者认为智力资本主要是指企业拥有的无形资产、资源及其协同涌现出的各种有价值的能力，主要包括人力资本、组织资本和关系资本三方面内容。

参照学者李平的文章《企业智力资本“家族”及其开发》，对人力资本、组织资本和关系资本简要解释如下：

> 人力资本由企业家资本、经理人资本、职员资本、团队资本构成。具体到知识或能力等表征现象，则主要体现为管理能力、创新能力、技术诀窍、有价值的经历、团队精神、协作能力、激励程度、学习能力、员工忠诚度、受到的正式教育和培训等。
>
> 组织资本（原文中叫作结构资本）是指当雇员离开公司以后仍留在公司里的知识资产，它为企业安全、有序、高效运转以及职工充分发挥才能提供了一个平台。它主要由组织结构、企业制度和文化、知识产权、基础资产构成。企业制度和文化体现为组织惯例、工作流程、制度规章等；知识产权体现为专利、著作权、设计权、商业秘密、商标等；基础资产体现为管理信息系统、数据库、文献服务、信息网络技术的广泛使用等。
>
> 关系资本是指企业与所有发生联系的外部组织之间建立的关系网络及其带来的资源和信息优势。关系资本表现为两大类：一是指企业与外部利益相关者之间建立的有价值的关系网络；二是在关系网络基础上衍生出来的外部利益相关者对企业的形象、商誉和品牌的认知评价。组织间的关系网络一般由企业与股东、消费者、供应商、竞争对手、替代商、市场中介、政府部门、高校和科研机构等组成。

不言而喻，物质资本、货币资本、智力资本三者之间可以相互转化的。在丰裕经济时代，随着网络经济快速发展、专业化分工越来越深化、金融市场效率不断提高，外部货币资本供给日趋过剩且愿意承担较高风险，企业拥有的物质资本越来越容易被复制，而智力资本的重要性越来越高。

物质资本的使用过程就是消耗与减少的过程，表现出较强的边际报酬递减效应，而智力资本的使用过程伴随着知识创造和优化的增强反馈过程，表现出了较强的边际报酬递增趋势。通俗地说，企业的智力资本越用越多、越用越优、越用越完善。

企业资本就是企业能力和资源的总和，能力可以转化为资源，资源也可以转化为能力。所谓资本赋能，归根结底是企业的能力或资源为经营管理赋能。所谓资本借能或储能，实质上是从外部引进的资源或经营管理过程中新产生的能力和资源又转化成了企业的累积资本。

核心竞争力属于企业资本，通常也表现出较强的边际报酬递增趋势，所以核心竞争力主要由企业的智力资本构成。普哈核心竞争力理论给出的“有市场、有顾客追随、有护城河”三个判断标准，既是核心竞争力在促进企业扩张和进化方面所发挥的重要作用及核心功能，也是企业构建核心竞争力所要追求的目标。

按照系统理论，功能或目标是系统的输出结果，而输入原料是什么、反应过程是怎样的？——也就是系统由哪些要素组成的，它们之间的连接关系及相互作用的机理是怎样的？

普哈核心竞争力理论没有给出令人信服的阐述。不仅如此，后续的诸多研究者开始在各个方向对核心竞争力理论进一步展开探索和研究，截至目前，大家还是处在继续探索和研究中。事实也是这样，搞不清“输入原料及反应过程”，核心竞争力理论没有办法在实践中落地！

4.2 三点一线：SPO核心竞争力模型

重点提示

※ SPO核心竞争力模型是如何推导出来的？

※ 如何理解优选资本这个概念？

※ 核心竞争力属于战略，还是属于商业模式？

无论对于企业还是个人，核心竞争力并不是天然存在的，而是后天设计和构建的结果。核心竞争力对企业发展、扩张和进化如此重要，我们应该找到能产生核心竞争力的系统。这里先给它起个临时名字，叫作SPO核心竞争力模型，简称为SPO模型。

系统包括三个构成要件：组成要素、连接方式、功能或目标。三者缺一不可，各司其职，使系统稳定运行。通俗地说，功能或目标可以看作是系统的输出结果；组成要素是构成系统的基本单元或称为系统的动因，而连接方式表明了组成要素之间的相互关系。对照系统三个构成要件，SPO模型输出核心竞争力，就是系统的功能或目标，因此，我们还应该探索其余两个构成要件：组成要素、连接方式。

前文说到，普哈核心竞争力的三个判断标准简称为“有市场、有顾客追随、有护城河”，同时三者也是SPO模型关于核心竞争力功能或目标的具体表达。从这里出发，我们可以尝试逆向推导SPO模型的构成要素。“有市场”属于外部环境给予企业的机遇，这样溯源可以得到一个组成要素，叫作环境机遇。“有顾客追随”类似于T型商业模式的产品组合，这样又可以得到一个组成要素——产品组合。“有护城河”类似于T型商业模式资本范围中的核心能力与关键资源，并且它们都是优选的资本。

我们从中再得到一个组成要素，称它为优选资本。至此，我们推导出SPO模型的三个组成要素：环境机遇、产品组合、优选资本。

SPO模型的组成要素具备了，至于组成要素之间如何连接，可以结合实践发挥我们的想象力完成。本节我们采用连接线条和系统反馈原理，先简单示意一下SPO模型，见图4-2-1。

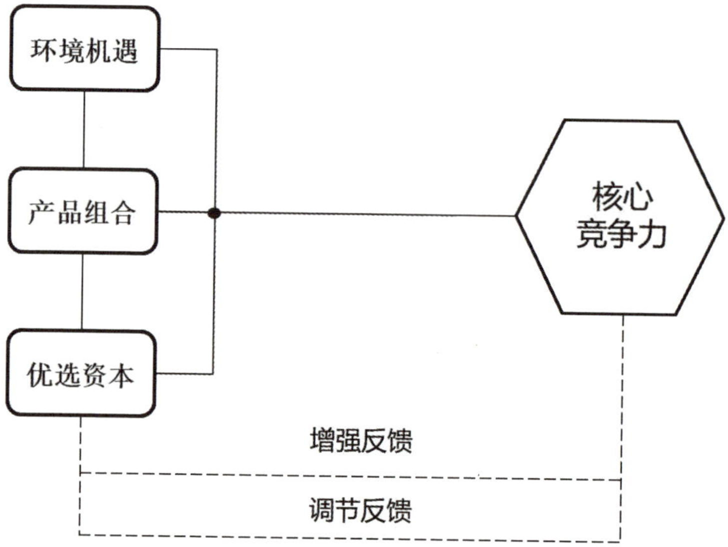

图 4-2-1　SPO 核心竞争力模型示意图

实际上，SPO模型并不是以上过程推导出来的，而是笔者理论结合实践、灵感显现共同拟定出来的。经过反复推敲，笔者先设定了环境机遇、产品组合、优选资本三个组成要素，然后再用系统理论解释和以上所谓的逆向过程进行推导，其目的是给大家演示一个看似合理的逻辑过程。起初，笔者凭直觉认为核心竞争力的形成与企业的核心能力和关键资源（优选资本）、交易媒介物（产品组合）及外部机遇三者有密切关系，由此勾勒出由优选资本（Strengths）、产品组合（Product）、环境机遇（Opportunities）三者组成的SPO核心竞争力模型，其中SPO取自三个组成要素的英文首字母。

由浅入深地理解SPO模型，优选资本可以简单理解为企业的核心能力和关键资源，产品组合就是T型商业模式的产品组合，环境机遇可以近似于SWOT分析模型的环境机会。为了深入研究SPO模型，在此通过思考如下问题以抛砖引玉。

4.2.1 SPO模型与普哈核心竞争力理论的联系与区别

SPO模型发源于普哈核心竞争力理论。从系统构成看，普哈核心竞争力理论重点阐述了核心竞争力的主要功能和目标，SPO模型主要补充了SPO核心竞争力模型的组成要素及其连接方式。SPO模型为如何构建核心竞争力及如何发挥核心竞争力在企业扩张及商业模式进化方面的作用，提供了一个可以实践落地的解决方案。

从战略视角看，普哈核心竞争力理论属于能力与资源学派，强调竞争优势内生论。而使用SPO模型构建核心竞争力，不仅依赖企业内部的优选资本，还与产品组合定位及外部环境机遇高度相关。从这个角度说，SPO模型将能力与资源学派、定位学派、环境学派三个战略学派统一起来，形成了一个不可分割的整体。

另外，普哈核心竞争力理论认为核心产品是核心竞争力的载体或物质体现，同时核心产品也是联系核心竞争力与最终产品的纽带。例如，本田公司的引擎就是核心产品，最终产品是指割草机、摩托车、汽车等。在普哈核心竞争力理论中，核心产品与最终产品的关系类似于零部件与最终设备的关系。而当今时代，由于更多企业属于服务类型或制造与服务混合类型，显然普哈核心竞争力理论的这个“核心产品→（核心竞争力）→最终产品”传导范式已经不能解释今天大多数企业的发展、扩张和进化。商业模式考察产品组合而不是单一产品，所以SPO模型不再强调“核心产品是核心竞争力的载体或物质体现”，而是用优选资本近似地取代之。

SPO模型的三个组成要素优选资本、产品组合、环境机遇共同发挥系统性作用产生核心竞争力，其具体的反应过程和循环原理如下：产品组合的扩张与进化需要评估外部的环境机遇及内部的优选资本。当三者能够统一起来，产品组合就获得了沿着增长向量前进一次的机会。如果产品组合的扩张与进化成功了一次，核心竞争力就累积了一次。如果产品组合的扩张与进化所获得的成功远大于失败，核心竞争力获得了更多次的累积，那么我们就说这个企业具有了核心竞争力。**也就是说，核心竞争力是在商业模式进化实践中形成的，依靠扩张与进化的成功次数和成功率来衡量，有一个较长期的累积过程。**

每一次累积的核心竞争力，又作为输入量进入优选资本，不仅提升优选资本的实力，也增加了商业模式的竞争壁垒。由于累积的核心竞争力不断提升优选资本的实力，相应地也不断增强了判断和利用外部环境机遇的能力，提升产品组合沿着增长向量扩张与进化的能力。**因此，核心竞争力作为企业的重要智力资本，通常也表现出较强的边际报酬递增趋势，见图4-2-1。**

在SPO模型中，如何确认产品组合的扩张与进化是否成功？可以用普哈核心竞争力理论给出的“有市场、有顾客追随、有护城河”三个检验标准进行判断。

4.2.2 核心竞争力属于战略理论还是商业模式理论？

核心竞争力原来属于战略理论，是能力与资源学派发展演化过程中的重要里程碑。尽管从严格意义上说，能力学派与资源学派分属两个不同的战略学派，但是笔者认为能力和资源可以相互转化，多设学派而不能解决实践问题必定有弊无益，所以可以将它们归属为一个学派——能力与资源学派。

核心竞争力属于企业的核心能力与关键资源范畴，所以现在它应该

主要属于商业模式理论。从T型商业模式视角来看，核心竞争力属于企业的重要资本，它为企业扩张和商业模式进化赋能或者说推动企业扩张和商业模式进化。根据SPO模型，核心竞争力的形成与商业模式的产品组合和优选资本密切关联，并且动态来看过去的核心竞争力就是今天的优选资本。另外，核心竞争力与战略管理密切关联，核心竞争力的形成及发挥作用都是一个战略规划过程。在SPO模型中，属于战略范畴的环境机遇也是决定核心竞争力形成的一个主要考量因素。

4.2.3 优选资本与核心竞争力二者有什么区别和联系?

优选资本、产品组合、环境机遇SPO三个要素反复循环协同地发生增强反馈作用而生成核心竞争力。核心竞争力同时也是企业的重要资本，它从上一个循环过程中回流到优选资本，然后参与下一次循环。通过这样的增强反馈，核心竞争力自身获得不断成长。核心竞争力的每一次跃迁式成长，都会增强企业优选资本的实力。例如：以引擎技术为核心竞争力，20世纪60年代本田摩托车从日本市场得以拓展到北美及全球其他市场，在很多国家或地区市场占有率一度达到70%。本田摩托车的巨大成功，不仅为企业进一步发展积累了更丰富强大的物质资本、货币资本及智力资本，而且引擎技术代表的核心竞争力也获得了跃迁式成长，又能极大地促进本田汽车业务的连续成功。优选资本比核心竞争力的范畴更大、内容更丰富，不仅包括重要的智力资本，也涵盖一些关键的物质资本及特定时点上的货币资本；不仅包括过去的核心竞争力，也面向未来提升企业核心竞争力。

4.2.4 如何确认企业的优选资本、产品组合的增长向量及把握外部环境机遇?

在企业进入扩张发展期，商业模式也在迭代进化。对于构造核心竞争力来说，因为智力资本具有较强的边际报酬递增效应，所以通常来说优选资本的核心内容是智力资本，其次是货币资本，最后是物质资本。进一步就优选资本中智力资本的构成来说，一般来说组织资本比重最大，其次是人力资本，最后是关系资本。优选资本的具体组成结构，要结合行业特色、环境机遇和商业模式中产品组合的特点而定。

产品组合的增长向量属于产品战略规划的重点内容，指的是产品组合的发展规划，即从现有产品与市场组合向未来产品与市场组合移动的方向。一般来说，严重偏离增长向量不利于构建核心竞争力。考虑到环境不确性越来越大，增长向量只能是一个可供参考的产品组合的进化方向。

环境机遇需要通过行业研究判定，常常采用五力模型、SWOT等分析工具。

在SPO模型中，优选资本、产品组合、环境机遇三者缺一不可，并且三者必须相互匹配、有效连接，形成“三点一线”，才能涌现出系统结构下的协同效应，才能最大效能地构造核心竞争力。

4.3 成为“独角兽”：罗马不是一天建成的！

重点提示

※ 阿里巴巴的根基产品组合是什么？

※ 民营商学院商业模式进化的难点在哪里？

※ 乔布斯偏执霸道，苹果公司的企业文化优秀吗？

硅谷的投资家将创办时间相对较短（一般为10年内）、估值迅速达到10亿美元以上的创业公司，称为“独角兽”；并将估值超过100亿美元的，称为“超级独角兽”。俗话说，门往哪里开，人往哪里来。创业公司希望早日成为独角兽企业，而风险投资公司希望多投几个独角兽企业。创业与投资在追逐“独角兽”上目标一致，常常会不无默契地相互“抬轿子”——早日将处于创业阶段的公司估值拉高到10亿美元以上。

巴菲特曾说：“当大潮退去，才知道谁在裸泳。”进入2019年后，没有收益的独角兽企业遭到市场集体抛弃。美国公司WeWork还没上市，估值已经跌去80%；Lyft和Uber虽然上市了，但是从上市开始股价就一路走低，多次暴跌。中国公司蔚来汽车2017年未上市时估值达到50亿美元，上市后股价暴跌一度超过70%；还有ofo、尚品网、熊猫直播等昔日辉煌一时的独角兽企业，有的已经破产，有的正在迅速衰落。

以独角兽来形容优质的创业公司无可厚非，但是“估值迅速达到10亿美元”这个评估标准有待商榷。**如果大家同意修改评估标准的话，那么独角兽企业的入围标准是否可以改为“存续至少10年、估值（或市值）达到10亿美元以上且依靠核心竞争力正在实现持续增长的公司”？**

我们崇尚把企业办成百年老店，存续有10年时企业才算进入青年期，而之前用资本催熟的办法提前让企业进入青年期，副作用实在是太大了。“估值（或市值）达到10亿美元以上”这个标准随行就市调整也可以的，大家在同一起跑线上就无可厚非。最关键被认定为独角兽企业要加上一个条件“依靠核心竞争力正在实现持续增长的公司”。它标志着公司还在继续增长，并且具备了一定的扩张与进化的能力，即从根基产品组合繁殖成一个产品组合“家族”的能力。

这样，从创业到成为独角兽，一个公司要经过创立期、成长期，然后到达扩张期，至少涉猎了企业生命周期的前三个阶段。在创业期，产品组合要符合三端定位模型并形成了一个稳定的基础销量。在成长期，产品组合的销量大幅增加，形成了较强的市场影响力，企业逐渐有了根基产品组合。**根基产品组合可以看成为产品组合的“母体”，进入扩张期后以此来繁衍其他产品。**例如，“淘宝+支付宝”组合是阿里巴巴的根基产品组合。以此出发，在扩张期阿里巴巴执行履带战略，接续衍生出天猫、菜鸟物流、阿里云、天猫国际、银泰百货、闲鱼等数十个产品或产品组合。

罗马不是一天建成的！独角兽企业进入扩张期后，如何以SPO模型构建核心竞争力，以促进商业模式不断成功进化？下面通过案例来说明。

根据SPO模型之优选资本、产品组合、环境机遇三个要素，发展至今阿里巴巴的优选资本有哪些呢？

马云等18位合伙人于1999年拿出50万元人民币创立阿里巴巴，标志着一个电子商务帝国的开始。哥伦布只是发现了美洲大陆，而马云带领团队发现、建设并拥有了一个电子商务帝国。先入圈地优势是阿里巴巴最重要的优选资本，这个资本看似是虚拟的网上空间，实质上等同于拥有一个帝国空间的物质资本。

2000年，阿里巴巴团队凭借开垦电子商务帝国的伟大愿景，引入软银2 000万美元股权投资。这是一个重要的里程碑！阿里巴巴后续通过私募股权及IPO获得了超过300亿美元的外部投资。建设这样一个电子商务帝国，巨量的可用资金也是重要的优选资本。

更胜一筹的是阿里巴巴在智力资本上的建树与积累。智力资本包括人才资本、组织资本和关系资本。在招募与培养人才方面，根据马云的公开表达，阿里巴巴至少拥有超过200个“王牌”人才。即使从阿里巴巴离职的阿里校友中，至少也有200名在中国500强以上企业中担任高管。阿里巴巴的价值观、绩效体系、会议传播、团队合作等都是非常值得推崇、首屈一指的组织资本。从关系资本来看，现在阿里巴巴平台上的卖家超过1 000万，月度活跃消费者近7亿人，并且还在继续增长，这充分展现了阿里平台卓越的用户体验及对广大商户的吸引力。

因为要开创一个全新而卓越的电子商务帝国，所以在打造企业核心竞争力方面，阿里巴巴的优选资本构成是比较全面的，一个都不能少！经过20年的发展，阿里巴巴已经是市值全球排名前十、亚洲排名第一的公司。

将时间拉回到21世纪初，阿里巴巴创立阶段面临的环境机遇将会有哪些？一个几乎一片空白的电商帝国必然有如下发展机遇：网上贸易平台、金融支持平台、物流支持平台、科技支持平台、线下商务整合机遇、生态系统建设机遇等。

根据SPO模型，优选资本与环境机遇交合在一起，促进商业模式产品组合的进化。

1999—2003年是阿里巴巴的创立期，初步形成了“网上批发贸易+淘宝网”的产品组合定位。2003—2007年是阿里巴巴的成长期，构建而成了“淘宝+支付宝”根基产品组合。从2008年开始，阿里巴巴进入企业生命周期的扩张期，以根基产品组合为母体，接续衍生出几十个产品或产品组合。在网上贸易方面阿里巴巴形成的产品组合包括：淘宝、天猫、全球速卖通、阿里巴巴外贸、1688内贸、阿里妈妈等；在金融支持方面有蚂蚁金服（支付宝）；在物流支持方面有菜鸟网络；在科技支持方面有阿里云；在线下商务整合方面以收购或参股为主，与银泰百货、盒马、大润发、苏宁等多家线下商家建立股权合作关系；在生态系统建设方面，通过投资控股、收购或参股等形式拥有了口碑、饿了么、钉钉、阿里体育、阿里健康、阿里文娱等公司。

SPO模型的三个组成要素优选资本、产品组合、环境机遇共同发挥系统性作用产生核心竞争力。当三者能够统一起来，产品组合就沿着增长向量向前进化。阿里巴巴进入扩张期以来，产品组合进行了很多次进化，如上文阐述大部分是成功的，偶尔也有失败，例如2013年推出“往来”社交软件、2018年投资ofo等。核心竞争力是实践中形成的，依靠扩张与进化的成功率衡量的，有一个较长期的累积过程。核心竞争力与优选资本、产品组合、环境机遇之间是相互增强反馈关系，每一次累积的核心竞争力，又“回流”作为输入量提升优选资本的实力，也就增加了把握环境机遇的能力，提高了产品组合进化的成功率。

结合T型商业模式进一步研究核心竞争力的累积过程，我们将商业模式的产品组合进化表示为在根基T型之上一个一个同构T型的叠加，称之为T型同构进化模型，见图4–3–1。根基T型代表根基产品组合，其上一个叠加一个的同构T型代表衍生出的产品组合。

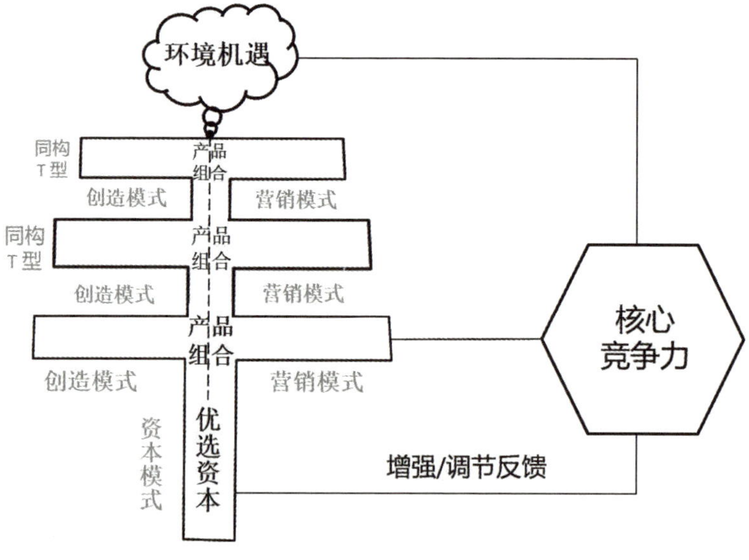

图 4–3–1　T型同构进化模型示意图

同构T型的叠加都是根基T型的分形。同构是指衍生的产品与根基产品组合具有共享的资本模式，尤其更多地共享优选资本或具有共同的优选资本。从生物学上理解同构，可以认为是核心基因的一致，即一只狗妈妈生出一个小狗，而不是生出其他物种。一些企业家豪情万丈，对科学很少敬畏。假如让狗妈妈生出了一只小乌龟，这个小乌龟就很难存活。如果为了让小乌龟活下来，狗妈妈付出一切代价，不可为而为之，最终是母子都很难存活。这解释了为什么专业化进化更容易成功，而盲目多元化发展经常会陷入泥潭。

以大树做比喻也很形象：根基T型代表树干，而上面一个一个同构T型的叠加好比是大树的很多层树杈。树杈再多，共享一个树干。树干不够粗壮，上面的树杈也长不大，更不能人为地搞太多分支树杈，否则就有“树倒猢狲散”的风险。企业进化发展也是这个道理，根基产品组合没有做好，热衷于发展新业务，搞收购扩张，而优选资本支持不足，现金流枯竭等经营风险就很大。

看到大学办MBA教育赢利很好，便出现了很多民营商学院。对于商界人士来说，民营商学院缺乏关键的价值主张——不能颁发官方认可的文凭。尤其近几年，价廉物美的知识付费教育雨后春笋般崛起，相对收费不低的民营商学院受到很大冲击。一些民营商学院开始搞商业模式创新，依靠原有的培训用户资源，开始向管理咨询、风险投资、代理招商、关系活动等新产品方向拓展。进行新产品需要有很好的根基产品，显然民间商务培训这个根基并不能很好地支撑管理咨询、风险投资、代理招商、关系活动这些更难更需要独特优选资本的业务。

台积电创立于1987年，首创的晶圆代工（芯片制造）模式相当于机械制造领域的零部件代工，当时几乎没有人看好。直到1998年，在落后两代的180纳米制程上，台积电才勉强以成本优势被业界认可。但是，成立30多年来，台积电坚持专一化产品组合进化模式，陆续度过了创立时的艰难期、“互联网泡沫”破灭期、全球金融危机，在业界积累了首屈一指的物质资本、货币资本和智力资本。长期的专一化发展，台积电的根基T型特别强大，在此之上一个接续一个同构T型逐渐叠加。至今，台积电为全世界客户生产近万种芯片，连续多年在芯片制造领域排名世界第一。尤其台积电已经成功量产5纳米制程，并领先其他世界知名厂商至少一年。2019年台积电全年营收为346亿美元，税后净利润为118.36亿美元，全球市场占有率达到52%。

我们常说，企业文化就是老板的文化，优秀的企业文化是企业永续经营的保障。企业文化有点太虚无，不能结构化地构建。科学精神讲实事求是，绝不能"一好遮百丑"。乔布斯偏执霸道，能给苹果公司带来很好的文化吗？华为公司的狼性文化、床垫文化、客户至上文化，是优秀的企业文化吗？**从T型商业模式视角，企业永续经营、不断成功扩张和进化应该与企业的优选资本密切相关。优选资本主要来自企业的智力资本。智力资本包括人力资本、组织资本和关系资本。文化只是托词或表象，其实质还要看优选资本这个企业进化发展的保障之源。**

优选资本、产品组合、环境机遇共同发挥系统性作用产生核心竞争力。核心竞争力是一种组织成长与再生能力，从简单产品组合衍生出产品组合家族的能力。从创立到成为独角兽企业，不仅需要创业者不畏艰难或资本推动拉高估值，更需要十年磨砺、做时间的朋友、构建核心竞争力！

4.4　保守主义：基业长青的底色

重点提示

※ 在《基业长青》中，企业实现基业长青的十条建议是如何得来的？

※ 为实现稳健经营，企业如何贯彻保守主义价值观？

※ 就企业进化发展来说，专业化与多元化的主要区别是什么？

基业长青是指企业能够跨越生命周期，实现“长生不老”。根据《世界最古老公司名单》，全球经营超过200年的公司有5 586家，其中日本有3 146家，德国有837家。日本企业之所以更长寿，一是大部分长寿公司是中小企业，二是源于日本企业中的职人精神。“追求自己手艺的进步，并对此持有自信，不因金钱和时间的制约扭曲自己的意志或做出妥协……”这句话表达了职人精神的人格气质，更是企业长寿的基因。

德国企业中的隐形冠军更近似于基业长青，并且在数量上接近全球的一半。这些隐形冠军的经营宗旨之一就是让企业永续传承。它们产品质量精良，具有说一不二的定价权，是全球某个细分领域的王者，几十甚至几百年稳定运营。

1994年出版的书籍《基业长青》中，美国管理学者吉姆·柯林斯用6年时间持续跟踪研究了36家公司，从中归纳出企业实现基业长青的10条建议：构建愿景、教派般的文化、超越利润的追求、胆大包天的目标……进一步归纳柯林斯这10条建议，也都属于理念文化、目标愿景之类。在这36家样本公司中，其中18家属于当时全世界业绩最优秀的上市公司，包括宝洁、花旗银行、惠普、摩托罗拉等，我们形象地称它们为

“贵族公司”；其余18家是当时业绩平庸用来充当参照物的公司，包括高露洁、大通银行、德州仪器、顶峰电子等，我们形象地称它们为“平民公司”。尔后25年过去了，当时的18家“贵族公司”今天情况怎样？在世界500强排名中，只有3家是排名上升的，其余都在下降。在业绩方面，只有11家有正向利润，6家亏损，1家（摩托罗拉）破产被收购。再看当时的18家“平民公司”，不仅与18家“贵族公司”整体差距大幅缩小，更出现了富国银行、辉瑞制药、高露洁等新一代优秀公司。

柯林斯关于基业长青的10条建议从实证归纳而来，有迹可循也有一定道理，但是直接的经验归纳终归依旧属于经验总结，常常经受不住“时间朋友”的检验。世界变化这么快，神仙也难预测！古希腊哲学家赫拉克利特说：“人不能两次踏进同一条河流。”2018年全球公司市值前十名中，互联网科技公司占7个，其中有阿里巴巴、腾讯两个中国公司。你方唱罢我登场，城头变幻大王旗。这样来看，基业长青是否是一个伪命题？如人一样，企业有生命周期，生老病死乃常态，所以并不存在真正的基业长青。

既然划分出独角兽企业这一类别，我们期望它与普通企业有点不一样。独角兽企业的生命周期分为创立期、成长期、扩张期、转型期四个阶段，其中到了转型期就会分叉，大致有两种可能性：一种是找不到转型机会，企业经过成熟期逐渐衰落；另一种是转型成功，开启第二增长曲线，进入下一个生命周期循环。成为独角兽企业，追求更多的生命周期循环，这是我们对基业长青的最新理解。马云说：“阿里巴巴要做102年的公司。”因此，这是阿里巴巴追求基业长青的具体表达。

正像前文德国的隐形冠军、日本的职人精神那样，基业长青的底色是保守主义。一说到保守主义，人们往往会将它看作“进步”的对立面，联想成守旧、迂腐、顽固、落后的代名词。实际上，这是对保守主义的误读。为正本溯源，学者刘军宁这样解释保守主义：“保守主义者认为……理性的力量很大程度上在于它与人自身的历史、经验和传统的联系。离开了后者，抽象的理性几乎是空洞无物或荒诞不经的，至少在人的社会实践领域是如此……人们必须尊重先辈的智慧，尊重传统、习俗和经验，只有这样才能弥补人类理性能力的不足，才能把理性的作用发挥到恰如其分的地步。”

这样来看，独角兽排行榜的不少企业还是太激进了。例如，投资ofo项目时考虑创业团队的工作经验及产品创新了吗？运作蔚来汽车项目时慎重考虑国内外新老汽车集团的竞争力量了吗？凡客诚品大跃进式扩张时把顾客价值放在哪儿了？熊猫直播依靠非常手段获客成长时兼顾人类文明趋势及社会价值了吗？……

学者朱小黄认为：“保守主义并不反对进步，并不排斥创新，而是强调传承，强调对事物内在规则的认知和遵守，反对‘幻想式’的激进变革。保守主义并不是故步自封。过去的经验法则要尊重，但并不是‘祖宗之法不可改’。有些成功的经验，只适用一定的环境，不能无限制推广应用。”

不谋万世者不足谋一时，不谋全局者不足谋一域。结合以上两位学者的中肯观点，我们对“估值迅速达到10亿美元以上”这个独角兽企业的硬指标更有所顾忌了。正如本章上一节所建议，独角兽企业的标准可以改正为“存续至少10年、估值（或市值）达到10亿美元以上且依靠核心竞争力正在实现持续增长的公司”。

企业要成为独角兽，更要追求基业长青。基业长青的底色是保守主义。对于具体企业来说，笔者认为追求基业长青、贯彻保守主义可以从“科学精神、自我批判、归核出新”三个方面把握。

① 坚持科学精神，远离机会主义和经验主义，这是遵循保守主义传统。需要解释的是，所谓“××主义”就是“以××为中心”。机会主义就是以机会为中心——为达到目的很少顾及原则或中间的过程。经验主义（与“理性主义”相对）就是以经验为中心——依靠自己的经验或相信他人的经验而在实践中路径依赖及随机试错。保守主义——以保

住及守护人类文明与发展所积累的优秀成果为中心。机会主义、经验主义是人类文明发展所要排斥的，而科学精神是人类文明发展所一贯追求的。对于促进企业发展来说，遵循保守主义传统，我们就要坚持科学精神为顾客创造价值与创新体验，坚持科学精神打造核心竞争力和促进企业扩张与发展，而绝不能依赖机会主义和经验主义。

② 坚持自我批判，防止归罪于外，这是保守主义的信仰体现。从系统论角度看，企业扩张进化是增强反馈循环。简单地说，增强反馈就是今年增长50%，希望明年增长100%，增长预期不断被放大！只追求销售增长，而忽视企业系统的同步进化，当外部环境及竞争力量突变时，会使企业落入“增长陷阱”。曾经的乐视集团让七大产业一起快速“生态化反”，以此通过资本市场大量筹集资金，貌似产业与资本构成产融增强反馈循环，实际上自我挖掘了一个“增长陷阱”。这是冒进主义而非保守主义，所以乐视只能吞下自酿的这杯苦酒。自我批判是保守主义信仰的体现。日常审视并定期检讨企业发展中的不均衡、不协调问题，是对企业系统的调节反馈，也叫作负反馈。自我批判旨在拉回那些偏离轨道的所谓扩张或增长，保守住“初心”并实现稳健经营，专注于构建核心竞争力。所以，有增长及扩张战略，就要有定期复盘、自我批判。企业经管团队不能深刻自我批判时，就会归罪于外，而外部环境及竞争力量是不可控因素，这样做不仅荒废了内部修正机会，而且也非常不利于智力资本的累积。

③ 坚持归核出新，避免多元散乱，这是保守主义的一贯坚守。美国战略学者马凯兹提出归核化战略理论，意指多元化经营的企业将其业务集中到其资源和能力具有竞争优势的领域。归核出新借鉴了归核化战略理论，它意指企业的产品组合进化与创新要回归核心竞争力。归核出新提倡专业化发展，而避免多元化带来的资源与能力散乱。

坚持归核出新，避免多元散乱，首先要在时间维度即战略规划上坚守保守主义。新产品没有经过三端定位等市场检验，不要大规模量产和

营销；根基产品组合不够强大时不要盲目叠加产品组合。企业应长期专注于构建核心竞争力，始终让优选资本足够支撑所有的产品组合之重。

陶华碧没上过一天学，也不识字，创办老干妈时孤家寡人一个。她能将地处中国西南偏远地区的一个小作坊逐步发展成为辣酱行业的“可口可乐”，年销售收入达45亿元，其重要原因之一是坚守保守主义：不搞多种经营、不融资上市、不借贷扩张等。一路走来，陶华碧面对的诱惑有很多很多，但是她深知自己的优势和机遇，也清楚自己的短板和不足，始终坚守把辣酱这个根基产品做强做大，专注于构建产品的核心竞争力。与之对照的是商界传奇人物南德集团创始人牟其中，他曾是中国首富，聪明绝顶之人，麾下人才诸多，办过三件大事：飞机易货、卫星发射、开发满洲里。牟其中始终走激进主义路线，跨界多元大幅度跳跃式发展。经过屡次三番的创业波折，最终南德集团破产。牟其中一生长期身陷囹圄，耄耋之年重获自由，依然在谋划东山再起。

董明珠于1990年加入格力电器时，与陶华碧所处境遇差不多。2012年，董明珠接棒朱江洪掌管格力集团后，虽然在营销策略及品牌推广上一贯高调，但是在产品组合进化上董明珠始终坚持保守主义，坚守增厚增强空调产品的优选资本和核心竞争力，在此基础上仅实行低限度的多元化。当年的“中国空调大王”春兰集团于1994年成功A股上市，当年销售额53亿元，净利润6亿元（当年格力销售额只有6亿元）。上市融资后，春兰集团开始涉猎摩托车、汽车、酒店、新能源等数十个不相关的领域。多元散乱必然不会归核出新，根基空调产品失去了核心竞争力的春兰集团，后来股票被ST，几乎销声匿迹于市场了。

坚持归核出新，避免多元散乱，其次要在空间维度即商业模式上坚守保守主义。以商业模式为中心，为便于表达我们构造一个三层金字塔结构，底层是企业赢利系统，中间是SPO模型，顶层是优选资本，见图4-4-1。

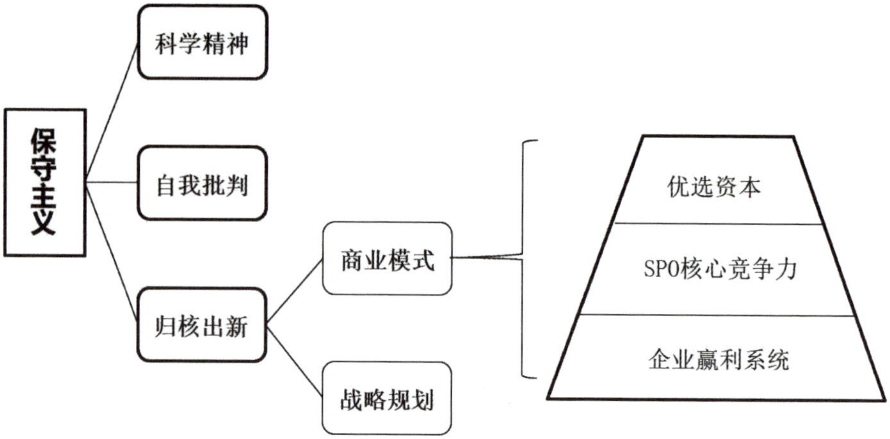

图 4-4-1 保守主义构成要素示意图

不识庐山真面目，只缘身在此山中。企业赢利系统是商业模式的父级系统。就像把握一艘军舰的行驶还必须研究身处的海洋和驾驶的官兵一样，我们把握商业模式还要关注它的驱动者——经管团队、未来发展方向——战略路径。局部思考往往会放大自身优势，无知者无畏，造成战略激进和偏离轨道。包括第五项修炼等理论一直提倡系统思考，但是一直没有可供参考的系统。今天有了系统即企业赢利系统，坚持保守主义，非常有必要系统思考。本书第6章主要讲述企业赢利系统的相关内容。

SPO核心竞争力模型其实是企业赢利系统的至简化表达，它代表着内部优势与外部机遇具有一致性的前提下，才能实施产品组合的进化。**坚持保守主义的产品组合进化，就是坚持优选资本、产品组合、环境机遇三者缺一不可，并且三者相互匹配、形成“三点一线”，持续构建企业核心竞争力。**

优选资本是资本模式赋能及打造企业核心竞争力的关键要素。保住及守护企业的优选资本，不断增强增厚企业的优选资本，是归核化战略核心的核心。只有具备优选资本，才能构建企业核心竞争力；只有具备核心竞争力，才能有可持续发展的企业赢利系统。

归核出新的保守主义理念崇尚专业化发展，但是也不完全排斥多元化模式。运动鞋是耐克公司的根基产品组合，而服装、运动器材等都是衍生产品组合。看起来耐克有多元化产品组合，但是它还是专业化公司。围绕品牌和科技创新这些优选资本，耐克的衍生产品是在运动鞋这个根基产品规模化基础上的范围化扩展。像耐克那样宽容的专业化，并不是多元化，依旧是专业化。它是在做好规模经济的基础上围绕优选资本衍生一些范围经济，所有产品组合有一个同心圆。多元化是范围经济优先然后再设法搞一些规模经济，全部的产品组合属于多个同心圆。美国GE公司及3M公司是真正的多元化公司并有多个商业模式。就像抽彩票，也有多元化公司取得了极大成功，成功的原因是多个商业模式之间有资本共享的网络或纽带。形象地比喻，它们有多个树干，但是共享一个庞大的枢纽根系。

追求基业长青，才是真正的独角兽企业。畅销书《基业长青》给出的10条建议依旧属于理念文化、目标愿景之类，仅供参考。基业长青的底色是保守主义，而贯彻保守主义可以从“科学精神、自我批判、归核出新”三个方面把握。时间维度上企业的战略规划要遵循保守主义，空间维度上企业的商业模式要遵循保守主义。战略与商业模式共舞，持续构建核心竞争力，才能将企业打造成超越生命周期的独角兽！

第 5 章

转型期：如何开辟第二曲线？

本章导读

荀子《劝学》中有这样一则寓言：南方有一种叫“蒙鸠”的鸟，用羽毛做窝，还用毛发把窝编结起来，把窝系在嫩芦苇的花穗上。风一吹，苇穗折断，鸟窝就坠落了，鸟蛋全部摔烂。不是窝没编好，而是不该系在芦苇上面。所以，每个企业都要想一想：现有的商业模式是否已经过时？替代性产品或颠覆性技术是否正以不可阻挡之势席卷而来？

说到企业转型，不少人对第二曲线理论耳熟能详。企业转型的过程复杂而艰巨，涉及一个组织与外部环境互动的诸多方面，显然只有第二曲线原理作为企业转型的理论指导还远远不够。打个比喻说，第二曲线理论之于企业转型的重要性相当于牛顿惯性定律之于物理学的重要性，但是物理学的内容远比单一的惯性定律浩瀚且复杂得多。同理，简单几句话就能把第二曲线理论说明白，但是企业转型在实际中涉及企业赢利系统方方面面的迁移和重塑。

除了第二曲线及非连续创新，本章重点讲述：双T连接转型及其三大原则、五个步骤，蓝海转型的适用性及局限性……

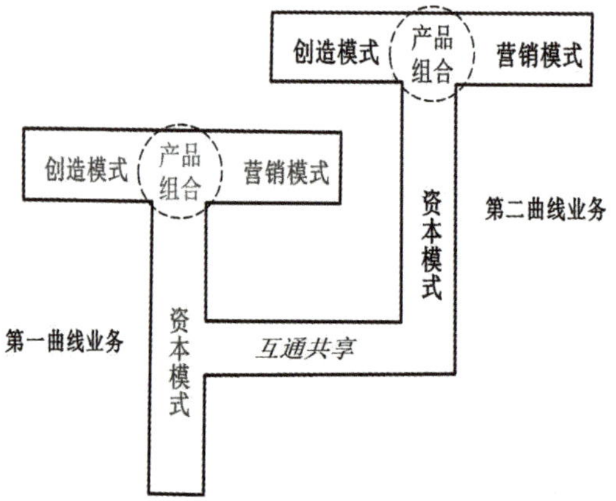

三大原则

①顶层设计独立性原则；

②相似商业模式优先原则；

③第一曲线资本利用最大化原则。

五个步骤

①盘点第一曲线业务；

②寻找第二曲线业务；

③构建商业模式；

④创业与孵化；

⑤分阶段系统化。

【第 5 章 重点内容提示图】

双 T 连接模型的三大原则及五个步骤

5.1 企业转型何其难！第二曲线与蓝海转型，哪个更有效？

重点提示

※ 面对业务转型，企业应该在什么时候开启第二增长曲线？

※ 英特尔两次转型成功的原因是什么？

※ 以蓝海战略指导企业转型的优势和劣势各是什么？

独角兽企业追求可持续发展，生命周期分为创立期、成长期、扩张期、转型期四个阶段。如果在转型期成功开启第二增长曲线，企业就可以进入下一个生命周期循环。成为独角兽企业，企业应该追求更多的生命周期循环。所以，长期来看企业转型是一个周期性要面对的问题。

企业转型必然存在的理由之一是技术进步或颠覆式创新导致原来的商业模式老化了。如果不能及时转型、跟上时代变革的需要，企业就会被淘汰出局。例如，以三星、苹果为代表的厂商，率先向市场推出配有操作系统可以下载各种应用软件的智能手机。依据这样的产品组合，先行者形成了一种全新的商业模式。诺基亚固守功能手机业务恋恋不舍，没有及时转向这个全新的商业模式，在颠覆式创新引起变革的时代，没过几年它的手机业务就“沦陷”了。

在功能机时代，诺基亚、摩托罗拉等世界知名手机厂商都有完善的管理体系、过硬的产品质量和国际化的销售渠道，但是当颠覆式创新到来时，之前日积月累的竞争优势仿佛一日之间都化为乌有了。荀子《劝学》中有这样一则寓言：南方有一种叫“蒙鸠”的鸟，用羽毛做窝，还用毛发把窝编结起来，把窝系在嫩芦苇的花穗上。风一吹，苇穗折断，鸟窝就坠落了，鸟蛋全部摔烂。不是窝没编好，而是不该系在芦苇上面。所以，每个企业都要想一想：现有的商业模式是否已经过时？替代性产品或颠覆性技术是否正以不可阻挡之势席卷而来？

企业转型必然存在的理由之二是原有商业模式遇到了增长天花板。这可能是因为行业空间有限，也可能是因为行业竞争激烈，总有一个时间点，原有商业模式到达增长抛物线的顶点。企业应该在增长抛物线的顶点到来之前开辟一个新的商业模式，起初两个商业模式可以并驾齐驱，然后是此消彼长的局面，企业顺利完成转型。例如：小米公司起初的商业模式为“手机硬件+MIUI系统+米聊软件”三驾马车，创立伊始就是在三星、苹果等国际巨头的夹缝中求生存。后来又出现了华为、vivo、OPPO等各有竞争优势的同业竞争者。因此，小米手机必然会遇到增长天花板。2018年，小米手机全球出货量约1.23亿部，已经达到增长抛物线的顶点。小米公司管理团队在此之前及早布局了商业模式的转型与升级，所以小米公司在香港上市后，商业模式能够及时转型为“硬件+新零售+互联网”铁人三项组合型商业模式。其实小米的这个铁人三项已经是三个商业模式了，原来的智能手机业务也只是新商业模式中“硬件”的一部分。

原有商业模式总要过时或老化，所以为转型而创新是一个永恒的主题。这有点像石油行业的打油井。找到一口油井，就要寻找下一口，否则资源开采完毕之时就是企业灭亡之日。如果没有及早启动商业模式转型，过了增长抛物线顶点后，企业就会进入衰退区。进入衰退区后，企业作为一个系统，熵增是必然出现的。某些层面上逐步处于封闭状态，所以失速点也必然出现。在著名的商业报告《失速点》中说，企业一旦遭遇失速点，只有4%的企业可以重启增长引擎。换句话说失速点几乎等同于死亡点。

关注未来是领导者的头等大事。欧洲学者查尔斯·汉迪（Charles Handy）早在20世纪80年代就提出第二曲线转型理论，借以说明企业要在第一项业务（第一曲线）还在高峰时，找到另外一条出路（第二曲线）。通常企业的生命周期为创立期、成长期、扩张期、衰退期，如同一条横躺着的S形曲线。如果企业能在第一曲线到达巅峰前，找到让企业二次腾飞的第二曲线，并且必须在第一曲线达到顶点前实现增长，让后一个S形曲线承接前一个S形曲线，那么企业永续经营的愿景就能实现，见图5–1–1。

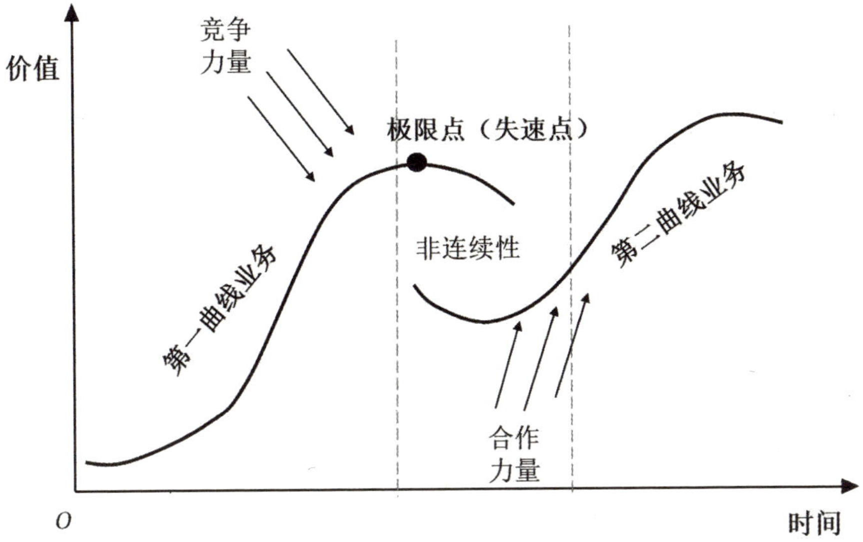

图 5–1–1 第二曲线业务承接第一曲线业务企业转型示意图

汉迪是在一次旅行途中悟出这个道理的。他向一个当地人问路。当地人告诉他，沿着这条街一直往前走，就会看到一个叫Davy的酒吧，在离酒吧还有半英里①路的地方往右转，就能到他要去的地方。在指路人离开之后他才明白过来，指路人说的话一点用都没有。因为当他看到酒吧的时候，他已经错过那个该右拐的地方了。

当你觉得现在非常舒适的时候，就是第一曲线即将下坠的开始。

① 1 英里 =1.609 344 千米。

持续增长的秘密就是在第一条曲线下坠之前开始一条新的曲线。然而，这个时点又恰好接近第一曲线的顶峰，这是公司的黄金时代，领导人很少有远见和勇气投入充分的资源来培植一项短期内没有收益的业务。

这就是生命周期的曲线逻辑导致的成功悖论：你成功了是因为第一曲线逻辑，这个逻辑同时转化为让你沾沾自喜的经验。如果你过度依赖让你成功的经验逻辑，那么它就会把你带向平庸或失败。另外，开启第二曲线不排除借鉴第一曲线的有效经验，但是第二曲线必有自己独特的成功逻辑。企业没有及时开启第二曲线，必然遭遇衰退；即使开启了第二曲线，也只是一项风险投资，企业转型远远比我们想象的要复杂和艰难。

1985年，由于存储器的市场机会被日本厂商的低成本战略摧毁了，英特尔的市场份额从90%猛跌至20%以下，陷入前所未有的经营困境。寻找突围方案，先从提出问题开始。英特尔CEO摩尔问了总裁格鲁夫一个问题："如果咱俩被扫地出门，董事会选新的CEO过来，你觉得他会做什么决定？"格鲁夫沉思良久，最后回答说："新来的这家伙肯定会让英特尔远离存储器市场。"沉默一会儿后，格鲁夫再问摩尔："既然如此，我们为什么不自己来做这件事呢？"

当时，在所有人心目中，英特尔就等于存储器。要大家立即放弃已经赢得的江湖地位，一切从零开始，这何其难？所以这可能是商业史上最经典的第二曲线转型决策。"欲练此功，必先自宫"，这句话出自《笑傲江湖》，但是"就算自宫，未必成功"。果敢的是，英特尔立即关闭存储器生产，开始孤注一掷投入微处理器研制；幸运的是，两年后英特尔全面重生。到1992年，英特尔已经是全世界最大的半导体公司。

2019年，英特尔新任CEO鲍勃·斯旺在致全体员工的一封信中表示："我们已经开始转型，并相信这将是公司历史上最成功的转型。我们正在从以PC为中心转型成为以数据为中心的公司……"2018年英特尔全球营收达到了708亿美元，再创历史新高，在本领域坐稳全球第一的位置。其实，几年前英特尔就开始实施转型，有波折也有试错，可喜的是以“数据为中心的业务”实现了爆发式增长，目前已经占据英特尔48%的营业额。

英特尔的两次成功转型，很好地阐述了第二曲线连续增长原理的指导意义。特别值得一提的是，中国有个混沌商学院，主要研讨第二曲线创新，做了很多相关培训和案例研究工作，这对于启蒙中国企业提前布局转型及可持续发展具有促进作用。独角兽企业追求可持续发展，如何实现扩张期后的转型，从转型期再进入后续的增长循环，也需要参考第二曲线连续增长原理。

从第一曲线顺利过渡到第二曲线，转型的过程是一个战略，也是一个工程。第二曲线原理属于“理科”内容，可以给出理论指导，但是还不能代替“工科”所给出的具体实施方案。

蓝海战略的研究者给出了蓝海转型的具体实施方案，大致包括“启程→确定你现在的位置→想象你能在哪里→找到通向蓝海之路→实施蓝海行动”共五大步骤，具体的内容可以参照《蓝海战略2：蓝海转型》一书的详细介绍。

但是，蓝海战略其应用存在固有的局限性：

①蓝海战略是从红海中开辟蓝海，即从现有产品中找到“低成本+差异化”可以统一起来的改进机会。打个比喻说，它解决的是马车时代如何发现更高性价比马车的问题，但是不会涉及汽车替代马车的颠覆性问题。科技进步越来越快，不仅汽车替代马车，而且各种各样新型的“交通运输工具”已经接踵而至。近些年的实践证明，企业转型到全新产品领域比改进红海中的老产品有更多可以发掘的机会。

②实施蓝海战略的核心是将“低成本+差异化”统一起来为顾客创造独特价值。但是，这只能更好地满足追求平价优质、高性价比等个别细分市场的顾客需求。我们知道，顾客的需求各种各样，企业应有

对应的差异化价值主张。例如，有顾客喜欢买像爱马仕、百达翡丽等价格特别高的奢侈品，有顾客喜欢买像苹果、耐克等较高价格的品牌产品，还有顾客喜欢买像拼多多平台提供的以“低价格+低质量”为特色的相关产品。因此，蓝海战略并不是一个通用的转型理论。

③从T型商业模式的视角看，蓝海战略聚焦于产品如何定位，实际上属于商业模式定位的一部分内容。即使通过蓝海战略四步动作框架及战略布局图等有效工具将红海产品升级为蓝海产品，但是开放的市场中必然吸引竞争者、模仿者蜂拥而至，蓝海又很快变成红海，所以依赖短促而静态的定位方法实施企业转型必然面临九死一生的局面。例如，摇摇招车曾是将出租车升级为互联网约车即红海到蓝海市场的开拓者，紧随其后才出现嘟嘟、百米、打车小秘、快的、滴滴等几十家模仿者，而后历经多次补贴大战、行业洗牌，后来者滴滴干掉了包括摇摇招车在内的几乎所有行业对手而成为一枝独秀的市场老大。

④蓝海战略给出的是产品竞争时代企业转型的方法论，显然在商业模式时代以产品组合为竞争特色的企业转型需要寻找更普遍适用的方法论。

科技进步日新月异，商业社会变化万千，市场竞争花样百出，未来具有更多不确定性，所以必然没有任何一个理论可以解决所有转型问题。关于企业转型的可参考理论，尤其是可以实践执行的“工程化”方法论并不多。相对来讲，蓝海战略给出的企业转型五大步骤、四步动作框架、战略布局图等都是理论与实践有机结合的比较实用的方法论。

5.2 如何把大象放进冰箱？双T连接模型及其五个实施步骤

重点提示

※ Google X部门对于本企业可持续发展有什么价值贡献？

※ 中国传统企业转型如何与二代接班联动起来？

※ 在智能手机时代来临时，诺基亚转型失败的原因有哪些？

企业转型也可以叫作战略转型。管理学有一些概念，其边界往往不是特别清晰。我们所说的企业转型是指第二曲线逐渐替代第一曲线的战略转型，专业的说法叫作新商业模式替代原来的商业模式。

企业转型的过程复杂而艰巨，涉及一个组织与外部环境互动的诸多方面，显然只有第二曲线原理作为企业转型的理论指导还远远不够。打个比喻说，第二曲线理论之于企业转型的重要性相当于牛顿惯性定律之于物理学的重要性，但是物理学的内容远比单一的惯性定律浩瀚且复杂得多。同理，简单几句话就能把第二曲线理论说明白，但是企业转型在实际中涉及企业赢利系统方方面面的迁移和重塑。

虽然说企业转型可以简便地描述为新商业模式替代原来的商业模式，但实际上这是一个牵一发而动全身的系统性工程。商业模式的父级系统是企业赢利系统（在本书第6章专门阐述），它含有经管团队、商业模式、战略路径三个基本要素及管理体系、企业文化等若干按需选取的辅助要素。

经管团队驱动商业模式，沿着战略路径实现企业愿景，这是企业赢利系统的第一性原理，也是企业顶层设计的第一性原理。**企业转型就是再造一个新商业模式，然后逐步以新商业模式替代原来的商业模**

式。拥有新商业模式之时，必有新的经管团队和新的战略规划发展路径，它们是同步发生的。也就是说，创造一个新商业模式的同时，新的赢利系统也同步跟随着形成了。

5.2.1 谁来承担企业转型重任?

我们首先探讨一下，新的经管团队在最起初是个什么样子的。根据第二曲线理论，当第一曲线业务如日中天时，企业领导人就要筹备第二曲线业务了。筹备之初，有必要成立一个类似于创业小组的机构，它就是未来新的经管团队的前身。创业小组成员应该富有创业激情、有创新开拓能力、有相关经验等，这些都是常规的要求。承当企业转型重任，最关键是谁来领导这个创业小组?

Google X是谷歌公司最神秘的一个部门，主要负责与第二曲线增长相关的创新业务，包括自动驾驶、谷歌眼镜、未来实验室等。谷歌创始人佩奇之所以让职业经理人皮猜接棒谷歌CEO而自己去负责Google X的创新业务，是因为他深刻认识到如果不是老板从最高层打破原有利益格局，颠覆性创新就根本不可能推动！因此，佩奇选择了那条最艰难的路，他要亲自负责Google X创业小组，继续带领谷歌跨越非连续，这是真正的企业家精神。谷歌之所以伟大，能够不断跨越非连续，成功找到Chrome浏览器、Android手机操作系统、YouTube等诸多第二曲线增长业务，得益于其极富远见的经管团队。

中国传统企业转型，开启第二曲线业务，可以与第二代接班联动起来。当传统纺织业务经营情况比较良好时，常州龙腾董事长俞国兴高瞻远瞩，开始提早布局企业转型，开辟第二曲线业务龙腾光热。第二代接班人俞科毕业于知名大学，有很好的教育背景。他先在传统企业锻炼若干年后，开始承担起家族企业转型的重任。从2009年龙腾光热创立之初，俞科就全权负责创业小组工作，而后成为该项目的总经理。

接受过良好教育的企业家第二代，显然不愿意继续经营进入成熟期并开始衰退的传统业务，而企业家第一代受制于年龄及固有的知识结构，独立去开辟一个高科技新项目也常常会力不从心。像龙腾光热那样，第一代企业家以传统企业的各项资源持续支持第二代接班人开辟新兴高科技业务，并在新业务创业阶段给予必要的经营管理指导和协助，这样的企业转型与第二代接班复合模式值得我们借鉴。

近几年来，龙腾光热先后承担了多项国家级重大光热发电示范工程，核心产品真空集热管首次代表中国厂家向海外商业电站进行规模化供货。从龙腾纺织到龙腾光热，这不仅是传统企业转型的成功，也是第二代企业家接棒的成功。经过近10年的发展，龙腾光热已经逐步成长为亚洲光热发电领域的行业领先型企业及拥有全球竞争力的光热发电整体解决方案提供商。

5.2.2 商业模式新旧更替时的“双T连接模型”

开辟第二增长曲线与全新创业的最大不同是它有一个新旧商业模式的更替。就像上文的龙腾光热案例，它是一个新商业模式，可以用英文简称“M+EPC”概括之，汉语文字表达就是核心产品真空集热管制造（M）+光热发电工程总承包（EPC）。龙腾光热与龙腾纺织是八竿子打不着的两个商业模式。虽然它们业务上一点也不相关，但是同在一个“屋檐”下，必须面对新旧商业模式更替的问题。

所谓T型商业模式是指企业的商业模式可以由创造模式、营销模式、资本模式三者组成的一个T型来图示表达。**第一曲线业务的旧商业模式是一个T型，第二曲线业务的新商业模式也是一个T型。从T型商业模式看，企业转型的新旧两个商业模式之间存在着紧密的资本模式连接关系，称其为“双T连接模型”，见图5–2–1。**龙腾光热筹备时就在龙腾纺织的厂区内，借用纺织器材车间的一部分开展新产品研发。龙腾光热创业阶段需要的数千万研发与创办经费也来自龙腾纺织的历年盈余积累。龙腾光热与龙腾纺织之间人才共享并相互兼职，没有合适人选时才从外部引进。

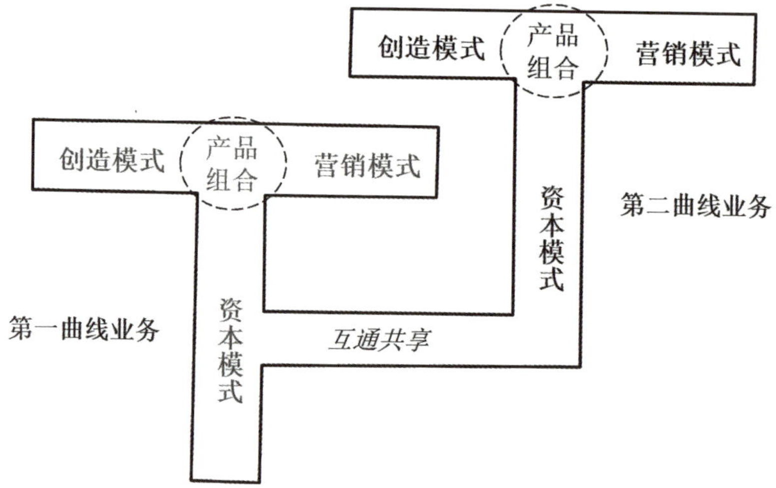

图 5-2-1　双 T 连接模型示意图

龙腾光热与龙腾纺织两个截然不同的商业模式尚能转型成功，并且顺便完成了第二代企业家的成功接班。虽然成功转型有概率、运气及创始人等诸多因素，但是成功必然有迹可循，也有一些基本原则和原理可以把握。对比来看，诺基亚从功能手机向智能手机转型时却一败涂地，折戟沉沙的原因在哪里？网上流传的一个段子说，2007年1月乔布斯发布首款苹果智能手机iPhone时，诺基亚等传统厂商给出了嘲讽式的评价：一款没有键盘的手机能怎么样？拍照这么鸡肋，还敢叫作智能手机？大西洋对岸那些传统PC厂商怎么会懂手机！

诺基亚前CEO奥利拉对这个问题的回答应该更有权威性。他说，早在1996年，诺基亚就推出过一部开创性的智能手机Communicator。只是当苹果、谷歌和微软相继为手机开发操作系统时，诺基亚却无法跟上。“在美国西海岸，计算机行业的底蕴和操作系统专业技术太过于丰富。”奥利拉说，“这是最主要的原因。”第二个原因是，诺基亚此前是如此成功，以至于尾大不掉。

今天以“事后诸葛亮”的角度来看，诺基亚失败的主要原因是不符合双T连接模型的相关原则。第一，新开创的业务即第二曲线事业从开始就应该构建成一个独立的T型商业模式，而不能成为老业务的一个部门或新产品小组。企业转型的核心是商业模式的转型，新旧商业模式分别是两个独立的“T”，才能构成双T连接模型。与之相反的是，诺基亚将智能手机业务当成了一个新产品备选项目，归属于一个较低级的管理部门负责，显然没有将它放在第二曲线事业的战略高度。第二，从战略重要性上规定，第二曲线业务应该比第一曲线业务更重要。在双T连接模型中，两者的地位是不平等的。第一曲线业务代表过去，而第二曲线业务代表未来。一旦启动第二曲线，第一曲线的主要任务就是为第二曲线赋能。显然，在这一点上诺基亚做得也不好，“The Five”（诺基亚管理层五人决策小组）中没有一人专门负责智能手机新事业，所以就谈不上第一曲线全力为第二曲线赋能。第三，在双T连接模型中，第一曲线资本全力赋能第二曲线，不足部分第二曲线可以对外引进购买或通过合资合作获得。从这一点说，诺基亚应该及早成立智能手机事业部，并在美国西海岸成立独资公司或者与微软、谷歌等公司合资或合作，总比后来以“跳楼价”处理掉自己的传统手机业务要好得多。

以双T连接模型指导企业转型主要有三大原则，分别是：①顶层设计独立性原则；②相似商业模式优先原则；③第一曲线资本利用最大化原则。以上对龙腾光热及诺基亚案例的相关讨论只是这三大原则的一部分内容，更详尽的阐述参见章节5.3。

企业开辟第二曲线业务，就是构建一个新商业模式，是真正的二次创业。在新项目创立阶段，要对商业模式定位。关于如何定位，可以参照本书第2章产品组合差异化、三端定位的相关内容。新商业模式定位成功后，一个新的生命周期循环又开始了，从创立期到成长期、扩张期、转型期，周而复始。

5.2.3 把企业转型看成一个工程项目

从第一曲线到第二曲线，新旧商业模式之间实现替换是一个中长期的时间过程。凡事预则立，不预则废。企业转型需要一个战略规划路径，并且这个战略规划路径是第一曲线与第二曲线之间的一个桥梁。

商业模式从战略中独立出来后，原来的战略5P就只剩下了计划、对策和观念三部分内容了。在企业赢利系统中，我们以战略规划统一代表计划、对策和观念三部分内容。但是，涉及具体战略事项时，还要对计划、对策和观念三部分内容分别讨论。由于企业转型涉及的对策问题与外部环境突变或突发事件相关，需要一事一议，所以此处我们只讨论战略的计划、观念两方面相关内容。

从战略观念上说，企业转型首先是领导人的心智模式转型。美国管理学家西蒙说“管理就是决策”，这句话特别强调了决策在经营管理中的重要性。不言而喻，企业转型时领导人做出的一些关键决策尤其重要，而如何做决策与心智模式有关。大致说来，一个领导人做决策时有三种心智模式：直觉机会型、经验依赖型、科学规范型。

直觉机会型的领导者喜欢追逐风口，对投机和潮流推波助澜，对偶然的一次成功沾沾自喜。如果这样的领导负责企业转型，那么转型成功率就会降低到抽彩票“中大奖”的概率。

经验依赖型的领导者依靠自己的经验或盲从他人的建议做决策，其主要问题是在具体实践中形成路径依赖或不断随机试错。关于经验主义心智模式，罗素有一个非常著名的比喻：农场里面有一只火鸡，每天看到农场主准时来给自己喂食，这只火鸡就认为农场主的到来和喂食存在着必然的因果关系。为准备丰盛的节日菜肴，到感恩节前一天，农场主也准时来了，不过这次不是喂食而是举起了屠刀。大量的过往第一代企业经营者是经验型心智模式，所以他们过去的成功反而导致了现在的企业转型失败。不断转型不断失败，原因在于对过去经验或他人建议的路径依赖。

企业转型面对的问题艰难而复杂，需要领导者有科学规范型的心智模式。这要求领导者在实践中多学习相关理论，从实践感性跃迁到实践理性，逐步构建与实践能够有机结合的分析决策模型。

心智模式是一个很顽固的存在，常常需要借助外部力量才能改变轨道。1998年，华为公司遭遇前所未有的发展困境，开始启动第二次企业转型，即从中国市场机会型企业转变为全球科技创新领先型企业。任正非高瞻远瞩不惜花费4亿美元引入IBM参与华为集成产品开发（IPD）和集成供应链（ISC）项目的建立。当时华为成立仅10年，为了企业转型，其手笔之大，决心之强烈，国内外企业中比较少见。除了IBM，华为还曾聘请过埃森哲、波士顿咨询、普华永道、美世和合益、日立咨询、日本丰田董事等咨询公司或专家，历年来累计支付给各类咨询公司的咨询费高达几十亿美元。任正非军人出身，之前非常自我、脾气暴躁。在1998年之后，任正非开始顿悟，成功转型为一位原则强硬、谦虚好学、开明开放的领导者。

从战略的角度看，企业转型属于独特的在限定资源和时间完成的一次性任务，所以适合当成一个工程项目进行规范管理。然而，企业转型的成败又与外部环境密切相关，在人财物耗费及时间节点上具有很大的不确定性。新产品开发、商业模式的产品组合定位及上市销售很大程度上取决于外部环境条件，所以企业转型过程具有反复性和高风险性的特征。这样综合下来，对于企业转型的计划、规划及执行最终要形成一个可容忍不确定性和具有强风险管控特点的工程项目制管理体系。

面对高风险性和高度不确定性，将企业转型过程结构化分解，将更有益于项目管理的实施。如同“如何把大象放进冰箱”这类有点不可思议的问题，结构化分解后就可能找出解决方案。我们简单示范一下如何把大象放进冰箱，结构化为三个步骤：第一步，把冰箱门打开；第二步，把大象装进去；第三步，把冰箱门关上。大象块头太大怎么办？搞一个更大的冰箱或者把大象化整为零；大象不愿意进入冰箱怎么办？把大象麻醉然后拖拽进去或者以食物作为诱饵或者残忍一点……对于高度复杂性、不确定性问题，我们需要这样的结构化分解和头脑风暴式的集思广益。

企业转型的核心内容就是新旧两个商业模式之间的过渡。从双T连接模型看，就是将原有“T型”的可用资本转移到另一个全新的“T型”。战略规划及项目式管控就是保障新旧商业模式转型有步骤、有组织地进行。总体来说，以双T连接模型为指导，企业转型可以划分为以下五个步骤，见图5-2-2。

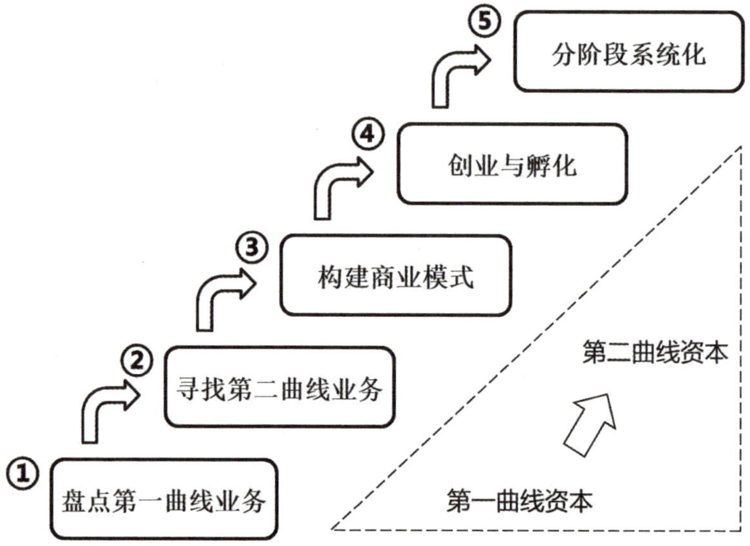

图 5-2-2　双 T 连接转型的五个步骤示意图

① 盘点第一曲线业务。这又可分为两个步骤：

首先，判断企业的第一曲线业务的持续时间，还可以产出的净现金流；面临的主要困境及可以延长业务期限的各项措施；第一曲线业务出售或被并购的可能性及收益大小。

其次，重点盘点第一曲线业务的可用资本，包括物质资本、货币资本及智力资本三个方面。

② 寻找第二曲线业务。寻找及选择第二曲线业务时，要重点关注那些与第一曲线业务相关的行业、代表未来的新兴产业等。重点研究一下所关注领域的未来发展空间、产业竞争结构、利润率趋势、人才供应及头部企业的经营情况等，也要关注新业务领域与第一曲线业务的商业模式相似性、资本共享程度、区位优势及政策导向等问题。

寻找第二曲线业务时，可参照风险投资机构寻找和评估优质创业项目的方法、流程及关注点等。

③ 构建商业模式。企业确定了第二曲线业务的方向领域，接着就要为此构建商业模式，包括产品组合定位、创造模式、营销模式及资本模式等，详见《T型商业模式》及本书相关章节的阐述。

④ 创业与孵化。这包括配备初始创业团队，制定战略发展规划、各项业务计划及其落地实施。创业与孵化阶段可以重点参考埃里克·莱斯《精益创业》所介绍的“验证性学习”方法论，即先向市场推出极简的原型产品，然后在不断地试验和学习中，以最小的成本和有效的方式验证产品是否符合用户需求，并根据具体情况灵活调整方向。

⑤ 分阶段系统化。分阶段系统化就是将处于创业孵化期项目的赢利系统逐渐完善起来，顺利度过创立期，进入成长期等。首先分阶段完善企业赢利系统的三个基本要素：经管团队、商业模式及战略路径；其次分阶段构建及实施管理体系、企业文化、资源平台等若干所需要的辅助要素。

分阶段系统化也是第一曲线业务的可用资本逐步转移到第二曲线业务的过程。

5.3 以“双T连接模型”指导企业转型的三大原则

重点提示

※ 在管理上，创业公司与母体公司有何不同?

※ 在二次创业时，“不熟不做”有什么指导意义?

※ 在企业转型时，考量企业的2B或2C基因必然有道理吗?

美国桥水基金创始人达利欧在中国大受追捧，也许是因为他有525条生活、工作、管理原则。原则与规则是近义词。按照管理学原理的解释，规则属于计划的一种形式，必须执行且不能有发挥的余地。除非你与达利欧在各方面都一模一样，否则原则不能有太多，关键在执行!

原则可以看作是处理问题时的指导思想。以双T连接模型指导企业转型主要有三大原则，分别是：顶层设计独立性原则、相似商业模式优先原则、第一曲线资本利用最大化原则。因为它们用在企业转型方面，必然有一些能在具体场景中灵活发挥的余地，所以这三大原则仅供大家参考。

5.3.1 顶层设计独立性原则

顶层设计独立性原则是指企业转型时第二曲线业务（创业公司）不能长期依附于第一曲线业务（母体公司），而是应该尽快具有相对独立的经管团队、商业模式、战略规划、管理体系、企业文化等企业赢利系统基本要素和辅助要素。

企业转型就是再创业。创业公司的核心工作是寻找正确的产品组合，不停地去验证和试错。这是一个差异化创新与变异的过程，意味着创业公司与母体公司的标准作业秩序有很大不同。母体公司已经进入成熟期甚至衰退期，核心工作是执行，而加强执行就需要不断修订KPI、不断优化流程。创新学者史蒂夫·布兰克说："大公司每增加一个提高执行力的流程，就等于增加了一条防止逃逸的绳索，于是企业创新的动力变小而阻力更大。"

为了企业转型或未雨绸缪，一个大公司开始重视内部创业，不少公司还有内部孵化器。我们看到，大多数内部创业都归属母体公司的一个部门管理，纳入母体公司的各项管理流程。令人担忧的是，从事传统业务的母体公司讲求秩序和追求效率，重视KPI和管理流程。这样的企业文化有很大可能性会采用传统的经营指标来衡量和考核这些内部创业项目，并且仍然按照传统的方法给这些创业项目分配资源。长此以往，内部孵化器就会演变为企业的一个形象工程，沦为吸引媒体关注、降低企业转型焦虑感的一个所谓二次创业的"作秀剧场"。

为了打破这些类似于创业作秀的局面，需要做好四点。

首先，创业公司的领导者要具备决策上的独立性，最好是母体公司的权威人士全职负责创业公司的业务。例如，谷歌创始人佩奇全职负责创业孵化器Google X，而将Google交给职业经理人全权负责。

其次，创业公司要以提升项目成功率为最高准则吸引内外部人才加盟。新项目的经管团队既要构建新商业模式，又要推动新商业模式赢利，所以人才的重要性怎么强调都不为过。

再次，商业模式的独立性也必不可少。为了能够早日独立运作，创业公司要逐渐在创造模式、营销模式及资本模式上具备独立性。其中，最关键是企业所有者的独立性，也就是说创业公司是一个真正独立的公司，股权比例越大的股东应该对项目成功付出越多，否则企业转型很难成功。创业项目还可以有股权激励和对外融资的安排，以聚集更多能保证项目成功的有生力量。

最后，创业公司要有战略规划上的独立性，前期主要包括独立的投资预算、产品研发计划、人才引进计划及选址的独立性。尤其是创业公司的选址方面，不要纯粹为了降低费用而长期驻在母体公司，而是应该尽快在相关产业聚集区建立据点。如果诺基亚的智能手机项目当初选在美国硅谷创立，也许今天手机行业的竞争格局就会有很大不同。

5.3.2 相似商业模式优先原则

相似商业模式优先原则约等于俗语“不熟不做”。相似商业模式主要是指新旧商业模式在创造模式、营销模式、资本模式方面有一定的相似性。例如，苏宁易购是苏宁电器的转型，一个线上一个线下，两者的商业模式具有极大的相似性。腾讯的微信是QQ的转型，两者的商业模式也是非常相似的。

相似商业模式也可以新旧商业模式彼此属于产业链延伸、行业相关或同处于一个生态圈等。例如，IBM从IT硬件制造商业模式转向服务和软件，属于行业相关性转型；本田从摩托车制造向汽车制造转型也属于行业相关性转型。小米公司从手机业务转型升级为生态硬件、互联网服务及新零售属于从产品向生态圈转型。

“不熟不做”可以增加企业转型成功的概率，但是企业转型也不能“唯基因论”。不断有这样的说法出现，阿里巴巴的即时通信软件“往来”失败了，是因为阿里巴巴没有2C的基因；腾讯的拍拍网免费赠送给京东，最后也被京东关闭了，是因为腾讯没有2B的基因。依照这样的逻辑，华为为什么既能在2B的通信设备领域成功，也能在2C的智能手机领域成功？2B或2C并不是企业转型的天然屏障，关键要看企业的优选资本和第二曲线业务的行业竞争结构。阿里巴巴的“往来”失败了，是因为腾讯的微信太强大，它也导致中国移动的短信、手机通话、飞信及小米的米聊等诸多即时通信产品都不能很好地生存。腾讯的拍拍失败了，是因为阿里巴巴的淘宝、天猫太强大，它也导致诸多同业网上商城及线下零售渠道不能很好生存或关门歇业。企业从传统业务转型到一个新业务，一是要尽量追求商业模式的相似性，二是一定要用三端定位、五力竞争模型等产品定位工具分析一下。

传统企业陷入经营困境，一个主要原因是行业内出现了颠覆性创新。电子商务颠覆了线下商业渠道，数码相机颠覆了胶片相机，智能手机颠覆了功能手机等。这些颠覆与被颠覆之间商业模式非常相似。某种程度上说，传统企业比外来颠覆者更有技术、产品、客户等核心能力与关键资源方面的优势。为了防止被颠覆性创新所取代，传统企业就要预见未来，尽早布局转型，自己颠覆自己。结合奇虎360董事长周鸿祎在一篇文章中的观点，商业模式的颠覆式创新基本上分为三种：

第一，用户体验上的颠覆。你能把原来很不方便的服务或者产品做得特别方便。比如说，对于绝大多数普通人来说，使用胶卷相机时冲洗胶卷太不方便，而且冲洗出来之后才知道到底拍得好不好。不像数码相机，即拍即见，而且可以很方便地在互联网上分享。

第二，产品组合上的颠覆。把原来很贵的东西变得异常便宜，或者把原来收费的东西变成免费。奇虎360将杀毒免费了，可以依靠免费带来的巨大流量开展浏览器、搜索等衍生业务实现赢利。

第三，技术创新带来的颠覆。例如，晶体管替代电子管，而后来半导体芯片又替代了晶体管。

之所以提出相似商业模式优先原则，主要是因为新商业模式可以继承原来的商业模式更多有效能的资本。

5.3.3 第一曲线资本利用最大化原则

如果认识到第一曲线业务（母体公司）即将成为明日黄花，企业就应该把第二曲线业务（创业公司）放在优先发展的战略地位上。此种情形下，转型一旦启动，母体公司的主要任务就是为创业公司赋能。相应地，第一曲线资本利用最大化原则可以从以下三方面理解：

第一，母体公司剩余期限的发展规划应该跟随创业公司的发展规划。

第二，母体公司所拥有的而恰好是创业公司所需要的有效能资本最大化地转移到创业公司。企业的资本包括物质资本、货币资本及智力资本三大类，其中智力资本是企业资本的核心内容，详见本书章节4.1的具体阐述。

第三，从长远出发、系统思考，母体公司为创业公司的发展做出必要让步和牺牲。

第6章

成为独角兽：如何系统思考？

本章导读

在《第五项修炼》中，彼得·圣吉认为，有伟大愿景的组织，其成员要学会系统思考。从老子的《道德经》中领悟系统思考：道是机遇，德是能力。“道”包括恒常之道、变化之道、不衰之道……

成为独角兽企业，经管团队应该学会系统思考。但是，巧妇难为无米之炊，应该先有一个系统，我们才能进行系统思考。本章提出的庆丰赢利系统，如同“人＋车＋路”系统，经管团队好比是司机、商业模式好比是车辆、战略路径好比是通过导航规划的行车路线。

现在流行讲第一性原理、顶层设计、思维模型。庆丰赢利系统就是经营企业的第一性原理，也是顶层设计的思维模型。

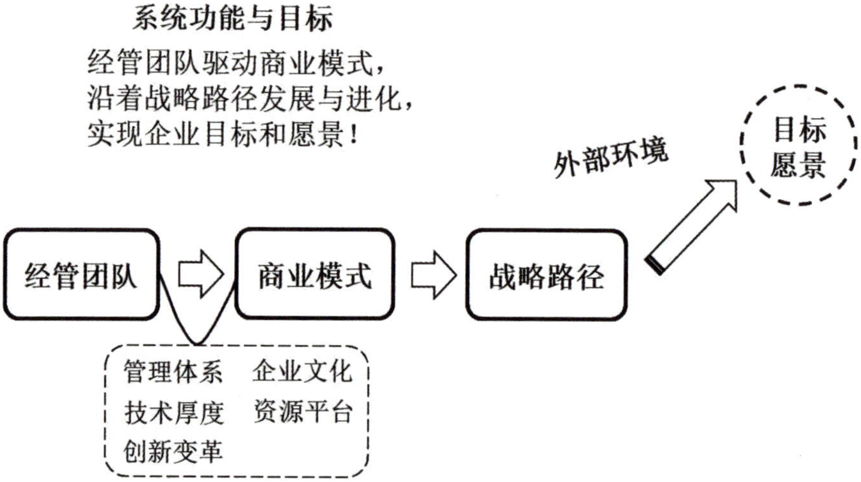

【第6章 重点内容提示图】
庆丰赢利系统中的“系统思考”示意图

6.1 认知升级：企业赢利系统的必要性及其构成

重点提示

※ 如何为《第五项修炼》的系统思考找到一个“系统”？

※ 庆丰赢利系统对于企业经营有什么现实意义？

※ 众多企业学习华为、模仿海底捞，为什么鲜有成功者？

成为独角兽企业，经管团队应该学会系统思考。

对于一个组织来说，如何将拼凑的一伙人打造成团队？彼得·圣吉在1990年提出的“五项修炼”依然是最有效的解决方案之一。“五项修炼”是指：①自我超越；②改善心智模式；③建立共同愿景；④团体学习；⑤系统思考。彼得·圣吉认为，前面四项修炼最重要的目的之一是为了形成第五项修炼——系统思考，所以他将关于“五项修炼”的书籍叫作《第五项修炼》。

但是，巧妇难为无米之炊，应该先有一个系统，我们才能进行系统思考。彼得·圣吉的“五项修炼”适用于任何一个有愿景和使命的组织。俗话说，在什么山就唱什么歌，到什么庙就念什么经。我们立足于希望更多的企业成为独角兽，所以仅需要构建一个对企业整体思考的系统，姑且称之为企业赢利系统。

为了构建企业赢利系统，我们追根溯源，看看系统是怎么回事。系统包括三个构成要件：组成要素、连接方式、功能或目标。通俗地表达，功能或目标可以看作是系统的输出结果，组成要素是构成系统的基本单元或称为系统的动因，而连接方式表明了组成要素之间的相互关系。

根据系统的构成要件，遵照以终为始的指导思想，我们先探索企业的功能或目标应该是什么。大部分人会说，企业的功能是赢利；有些人也会说，企业的目标是实现事业愿景。这两种说法都有些道理。用数学语言说，赢利是个微分目标，而愿景是个积分目标。当赢利持续了很长很长时间时，愿景就实现了。

德鲁克曾说："企业存在的唯一目的就是创造顾客。"创造顾客比赢利的说法更准确一些，因为它指出了赢利应该从哪里来。结合系统的构成要件，再对德鲁克的话进行优化，那么就可以说成"企业的功能就是持续创造顾客"。

进一步说，企业持续赢利或创造顾客依靠什么实现？当然是商业模式。谁来驱动或运营商业模式，当然是经管团队。商业模式往哪里去？当然是沿着战略规划的路径向企业愿景走去。回答好这三个问题之后，从功能到目标（从微分到积分）就贯通了。因此，企业赢利系统是由经管团队、商业模式、战略路径三个基本要素组成的。

在还没有上升到企业赢利系统之前，我们也频频提及经管团队、商业模式、战略规划、管理体系、企业文化等这些要素如何如何。就像一艘远洋渔轮，最终的收获主要取决于捕捞团队、渔轮装备、航行路线上的捕捞水域三者匹配最优；如果不想继续"盲人摸象"的话，我们就要讨论企业赢利系统构成要素之间的连接关系。

经管团队如何驱动商业模式？我们看图6–1–1所示的商业模式全要素图，其中资本模式中的企业所有者从法理上担负着构建和驱动商业模式的重任。企业最初由一个或几个股东（企业所有者）发起，他们带来了构建商业模式的原始资本。然后，企业所有者可以通过招募、聘请的方式增强经管团队的实力。由于经管团队是由企业所有者或他们招募、聘请的代理人构成，所以经管团队是驱动商业模式的最主要动力源。

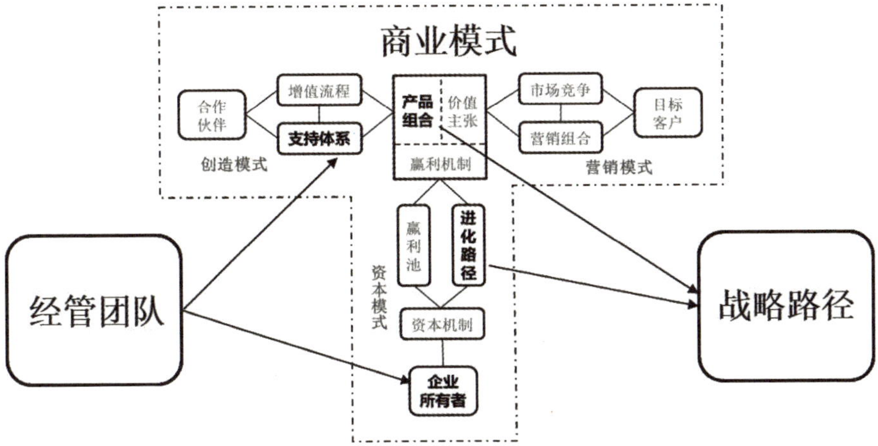

图 6-1-1 “经管团队驱动商业模式，沿着战略路径发展与进化”示意图

经管团队主要通过资本赋能的方式驱动和运营商业模式，这里的资本是指广义的资本，是指企业可以利用的所有能力和资源，包括货币资本、智力资本和物质资本三大类。经管团队驾驭企业资本驱动和运营商业模式，资本模式中的资本首先为创造模式赋能，打造一个符合目标客户需求的产品组合；营销模式将这个产品组合的价值主张传递给目标客户以促成购买；销售后的赢利又通过储能的方式累积到资本模式的赢利池。通常情况下，商业模式启动后就进入增强反馈循环，更多的资本赋能到创造模式，更多的赢利又通过储能的方式累积到资本模式的赢利池。

为提高资本赋能的效能，经管团队还通过构建支持体系以加强驱动商业模式，包括塑造企业文化、建设管理体系、打造资源平台、实行变革创新及利用社会上各种科技创新成果和已有的基础设施等。

在企业赢利系统中，战略路径的主要作用是什么？战略路径是战略规划的结果，它表示在一段时间区间内预设的商业模式的前进轨迹。这里的战略规划包括明茨伯格战略5P中的3P，即战略是一项计划（Plan）、一种对策（Ploy）、一种观念（Perspective）。根据企业内外部情况，战略规划用来为商业模式计划未来的运行路径；遇到重大变动时为商业模式制定对策；同时这也是经管团队的战略观念形成和进化的过程。

图6–1–1中商业模式的进化路径即商业模式战略是企业战略规划的一部分。追溯到起始点时，几乎每个企业最初的商业模式皆是几个合伙人及一个初步的商业创意。例如，在2010年3月时，小米公司的商业模式只有雷军等7个合伙人和一个做手机的创意。在1999年9月时，阿里巴巴的商业模式只有马云等18个合伙人及一个用互联网做生意的创意。而今小米的商业模式已经非常丰富且复杂，包括硬件生态链、小米之家新零售、互联网服务等，好似一个诸多单体商业模式形成的“商业模式综合体”。相对而言，阿里巴巴更甚！它的“商业模式综合体”比小米公司更丰富、更复杂一些。因此，每个公司要发展壮大，必然有商业模式的进化路径。这个进化路径就是商业模式战略，也是企业整体战略规划的一部分。

部分构成整体，整体约束部分，商业模式之创造模式、营销模式、资本模式中的一些要素内容都要有战略规划，例如：产品组合战略、技术创新战略、市场营销战略、融资投资战略等。凡事预则立，不预则废。商业模式各个要素内容的进化发展也必然属于企业整体战略规划的一部分。

概括来说，企业赢利系统三要素之间的关系可以表述为：顺向看，经管团队驱动商业模式，沿着战略路径发展与进化，实现各阶段战略目标，最终达成企业愿景。逆向看，企业将外部环境的机遇或挑战，通过战略规划活动，促进商业模式的优化或创新，最终影响经管团队的素质和能力。用更贴近生活的比喻说，企业赢利系统如同“人＋车＋路”系统，经管团队好比是司机，商业模式好比是车辆，战略路径好比是通过导航规划的行车路线。

现在流行讲第一性原理、顶层设计、思维模型。经管团队、商业模式、战略规划三者构成的企业赢利系统就是经营企业的第一性原理，也是顶层设计的思维模型。

管理学者翁君奕对老子的《道德经》颇有研究，认为“道是机遇，德是能力”，“道”包括恒常之道、变化之道、不衰之道。经管团队可以看作是“德”的化身，以团队协作能力持续促进企业发展。团队经营企业，要拥有恒常之道——构造商业模式；掌控变化之道——制定和执行战略规划；锤炼不衰之道——逐渐形成核心竞争力。

德鲁克曾说：“当今企业之间的竞争，不是产品之间的竞争，而是商业模式之间的竞争！”如果将来有必要进一步升级德鲁克的这句话，就可以表述为：“当今企业之间的竞争，不仅是商业模式之间的竞争，更是企业赢利系统之间的竞争！”

经管团队、商业模式、战略路径三者搭起了企业赢利系统的基本框架。就像盖豪华大楼，有了基本框架，而真正投入使用之前，我们还要对这个基本框架增加一些辅助因素进行一番“装潢”。应该为它增添哪些辅助因素呢？常用的有管理体系、企业文化、资源平台、技术厚度、创新变革等。辅助因素通常放在什么位置？辅助因素是经管团队驱动商业模式的工具或抓手，所以放在经管团队与商业模式之间，见图6-1-2。增加辅助因素后，我们为企业赢利系统起一个正式的名字，称之为“庆丰赢利系统”。

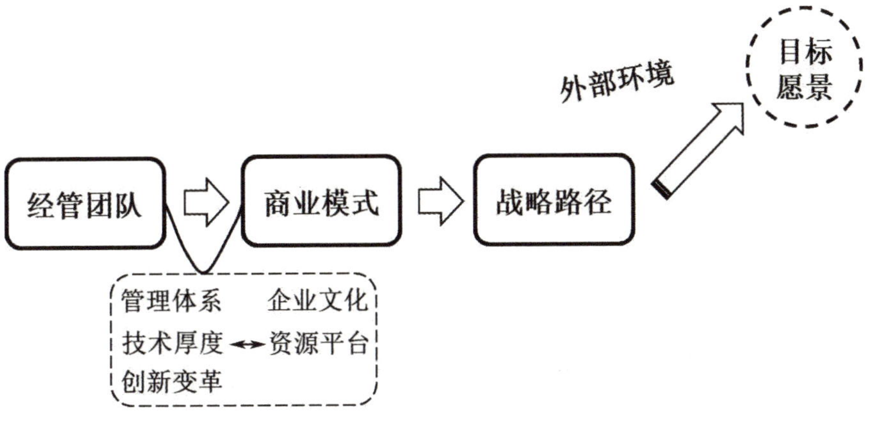

图 6-1-2 庆丰赢利系统示意图

管理体系是经管团队为驱动商业模式而选择的一套管理工具组合。通常说的组织结构是管理体系中比较重要的一个管理工具，它在管理人员和价值链之间架起“桥梁”。当价值链升级到商业模式及企业赢利系统视野后，组织结构也应该扩充范围与这个升级的视野相匹配。之所以将管理体系列入系统的辅助因素，是因为当企业规模比较大或商业模式比较复杂时，才有必要重视管理体系。例如，对于一个人的公司或工作室，管理体系就不都是特别必要。

企业文化似乎无形无影，但对于有些企业的可持续发展非常有必要。经管团队通过打造企业文化，凝聚人心，让全体员工形成合力，那样驱动商业模式的力量就会非常强大。

有些企业需要搭建相关资源平台，其原因是：①它们本身是平台型商业模式。②企业的输入或输出波动太大，例如：像农产品深加工公司需要搭建资源收购平台，像华为早期发展太快为储备人才而搭建人力资源平台等。③通过共享资源降低成本、加快发展速度。企业之间的联合研发平台、客户数据库共享平台、产学研平台等，都属于此类资源平台。

怎么解释技术厚度呢？几乎同样的商业模式，诸多企业中只有某个企业特别出类拔萃，原因有可能是积累的技术厚度不一样。例如：亿万人搞股票投资，巴菲特的技术厚度被公认为数一数二。中国在芯片、高端机床、新特材料方面大量需要进口，是因为中国本土供应商的技术厚度还有待提高。

在企业发展与进化中，创新变革无处不在。外部环境在变，竞争者在变，顾客需求在变，因此企业内部也要随之创新变革，以应对这些改变。创新变革涉及对赢利系统每一个基本要素及辅助因素的不断优化和持续改进。

有了庆丰赢利系统，我们就可以对企业问题进行系统思考，也可以澄清之前一些并不恰当的“思考”。

首先说向榜样企业学习的问题。前几年，服务型企业学习海底捞餐饮，出现了一个模仿的热潮；近几年来，科技型企业学习华为、模仿华为，又是一股更高的热潮。为什么几乎都学不会呢？还有的企业陷入东施效颦或邯郸学步的境地，经营业绩反而比之前更糟了。因为华为或海底捞都有一个独特的赢利系统，系统内还隐含一些独特的赢利机制、团队建设等“专有技术”，而市面上的书籍、培训讲课都是一些局部的内容或东拼西凑的猜测。相比于商业模式，一个企业的赢利系统就更难模仿了。在笔者已经出版的《T型商业模式》一书中，章节2.4及章节6.5分别揭示了海底捞的主要“专有技术”和华为的赢利系统。

再说顶层设计方面的问题。不少人把股权激励、管理体系、组织架构、企业文化等纳入顶层设计。除了组织架构属于管理体系之外，似乎这没有什么不妥。但是，如果一个顶层设计没有经管团队、商业模式、战略路径等庆丰赢利系统的基本要素，而仅将一些辅助要素或局部内容看成是企业的顶层设计，那喧宾夺主的问题就比较大了。

还有一些是有病无病乱投医，盲目追逐热门理论或概念的问题。由于营销水平很高的人极力推广的原因，像阿米巴、合伙人制、赋能、原则、领导力、执行力等新理论或老概念翻新都非常热门。这些都是局部或有条件适用的理论或概念。企业应该站在赢利系统的角度思考自己的当务之急，有必要时可以锦上添花，但是不必屡次再犯“拿来主义”的错误。在工作实践中，我们看到还有许许多多不恰当的“系统思考”问题，这里就不一一展开说明了。

根据哥德尔不完备定理，我们论述“商业模式与战略共舞”，囿于其中就会“不识庐山真面目，只缘身在此山中”。更上一层楼，找到它们的上一级系统，才可以完整地观察我们论述的对象。经管团队、商业模式、战略路径三者构成了庆丰赢利系统。根据金字塔原理，庆丰赢利系统也就是以上三者的上级系统。前几章重点阐述了商业模式的内容，随后两节将简要讨论一下经管团队和战略规划及路径方面的内容。

6.2 团队动力与领导力，哪个更重要？

重点提示

※ 小米创业成功，凡客惨遭失败，主要原因是什么？

※ 为什么"捂着"数码技术的柯达公司最后破产了？

※ 苹果的成功是否可以归功于乔布斯的领导力？

在庆丰赢利系统中，经管团队驱动商业模式，沿着战略路径发展与进化，实现各阶段战略目标，最终达成企业愿景。由此看来，经管团队的综合能力是促进商业模式发展与进化的原动力，通常称之为"团队动力"。

老子《道德经》适合解释像庆丰赢利系统这样的人类为改造自然而构建的企业系统。《道德经》第25章说：人法地，地法天，天法道，道法自然！表面上看这句话，似乎有点"一物降一物"的意思，这里的"法"可理解"受到……规定"。将这句话应用在庆丰赢利系统中，演绎一下：人法地——地为商业模式，可以理解为团队动力受到商业模式的规定；地法天——天为目标客户，可以理解为商业模式主要受到目标客户需求的规定；天法道——道为人性，可以理解为客户需求受到人性的规定；道法自然——人性本来就是这个样子，随着社会发展阶段的不同，人的需求会随之而变，但是人性的本质一直未变。

团队动力受到商业模式的规定——什么样的商业模式及什么阶段的商业模式，就需要什么样的团队动力，从而为经管团队的建设指明了方向。换句话说，经管团队要懂商业模式，明白企业商业模式的独特性与行业共性，知晓商业模式在企业生命周期各阶段的构成与运转规律，能够驾驭商业模式沿着战略路径发展与进化。

2010年10月小米公司成立时，智能手机市场是国际巨头在竞争：诺基亚与摩托罗拉等传统手机巨头正在黯然离场，三星与苹果等国际巨头垄断了中高端手机70%以上的市场，联想与华为等中国知名公司正在大举进军智能手机行业。小米公司为什么能突破重围？雷军说过，小米团队是小米成功的核心原因。当初他决定组建超强的团队，前半年花了至少80%时间找人，幸运地找到了7个牛人合伙，平均年龄42岁，充满创业热情，算上他自己，3个本地加5个海归，来自金山、谷歌、微软、摩托罗拉等，土洋结合，多个合伙人都有管理几百人团队的经验。

例如：林斌是雷军为小米创业挖来的最关键的一位合伙人。加盟小米之前，林斌曾主导创办微软亚洲工程院，曾是Google全球技术总监。雷军说："林斌有发自内心对产品的热爱。"一个优秀的合伙人还能吸引更多的优秀人才加盟。来自微软的黄江吉、谷歌的洪峰，都是林斌拉来入伙的。小米创业早期，林斌任职小米总裁，主要工作是招人组团队、公司日常运营等；之后负责手机供应商战略合作、运营商业务、海外销售等工作。接管小米网后，林斌开始推动小米之家向新零售转型，遍地开花的小米体验店都是林斌带领团队一手搭建起来的。在香港上市前，林斌在小米公司持股13.3%，仅次于雷军的31%。

与小米公司一脉相承的凡客公司就不怎么幸运了。凡客于2007年创立，比小米还早4年，那时电子商务还有大把机会。凡客的创始团队来自网上卖书的卓越网。卓越网与当当网创立时间差不多，两者当时的商业模式很相似。从注册那天起，凡客就不缺资金，连续8轮融资获得风险投资5亿多美元，企业估值达到30亿美元，曾经也是如日中天的"独角兽"。凡客网上卖服装、家居用品的商业模式也是成立的。2010年时，凡客当年就能卖出3 000多万件服装，总销售额突破20亿元，同比增长300%。如果走线上线下融合发展之路的话，凡客有可能线上超过当当、京东，线下可以成为优衣库。

遗憾的是，到2014年时凡客就迅速衰落到只能苟延残喘了。雷军曾经领投1亿美元救凡客，但最终所有投资人的钱都打了水漂。

凡客失败的原因在哪里？众说纷纭，各有道理。天时、地利都具备，毋庸置疑，经管团队肯定有问题。我们将凡客失败归因于创业团队的能力结构问题。从网上卖书到卖服装家居，并且是完全自创品牌销售服装与家居，两类商业模式之间的差距那是相当大的。凡客的创业团队擅长做广告，文化底蕴很深，所以2010年销售暴增是因为广告做得好和市场竞争不激烈。2012年之后，纯粹依靠广告拉动产品销售的时代已经过去了，而依靠产品质量、性价比、品牌、供应链、技术创新、社群等综合竞争优势的商业模式竞争时代来临了。在新时代来临时，凡客的经管团队的能力结构没有及时调整——原来以广告取胜的文化底蕴越深，就越不容易扭转局面！团队动力施加于商业模式上，驱动力的方向、大小及作用点三要素都出现了问题。

早在1975年，柯达公司就发明了世界上第一台数码相机。由于担心传统胶卷销量受到影响，柯达一直未能大力发展数码业务。2012年柯达正式宣布破产，曾经市值310亿美元的胶卷“霸主”、世界500强企业怎么就走向穷途末路了？

2000年之后，全球数码市场连续高速增长。柯达经管团队的能力结构出现了问题！柯达的管理层几乎都是传统行业出身，49名高层管理人员中很多人有化学专业背景，而只有3位出自电子专业。团队没有及时更新，决策层迷恋既有优势，对传统胶片技术和产品太过眷恋，忽视了对数字影像和数码设备等相关替代技术的持续开发，这是柯达从辉煌走向破产的最主要原因。

1985—1996年，在乔布斯被董事会踢出局的12年里，苹果公司的经营状况怎样呢？起初，由于乔布斯的杰作Mac电脑，苹果公司还可以轻松获取高额利润；在1990年后盈利一路下滑，出现危机，CEO一个接一个地换，但是仍然拯救不了苹果。

1997年1月，乔布斯作为兼职顾问回归苹果。乔布斯很快痛下狠手，几乎换掉了董事会的全部成员，不同意自己的意见就逼迫他们辞职。因为苹果当时濒临破产，只剩一口气了，担任董事会成员的前景并不是很诱人，所以董事会默许了。乔布斯先后请来了很多优秀的专家、领导者加入苹果，甚至包括美国前副总统。新组成的经管团队从履历上就更懂计算机和技术产业。乔布斯带领团队对苹果实行一系列的改革，砍掉了亏损业务，及时转变商业模式，尽快实现了扭亏为盈。后面的故事不用细讲了，从“iPod+iTunes”到“iPhone+iOS+App Store”，苹果的经管团队推动新商业模式让公司取得了举世瞩目的经营业绩。苹果公司2018年营收为2 656亿美元，净利润近600亿美元。

经管团队是由个体构成的。个体合成整体后可能变笨，逐渐沦为一群乌合之众。如果团队修炼得好，发挥协同效应，个体也可能变聪明，从而众愚成智。如何打造经管团队，市面上的理论太多了，比较流行的有领导力理论、执行力理论、企业家精神。

如果在当当或京东上搜索“领导力”，相关图书有上千种，每个作者都会提出一个领导力模型。比较简单的叫作“领导力五力模型”，它由感召力、前瞻力、影响力、决断力、控制力五个领导分支力量构成；比较复杂的叫作《领导力21法则》——确实由21个领导力法则构成！像盖子法则、镜像法则、根基法则等，名字也是“新奇特”。领导力理论创新特别多，需求似乎也很大，因为人人愿意当领导，这也算是一种供需平衡。

近几年领导力热，而前几年流行执行力。通常团队执行力是这么定义的：团队执行力是指一个团队把战略决策持续转化成结果的满意度、精确度、速度。它是一项系统工程，表现出来的就是整个团队的战斗力、竞争力和凝聚力。通用公司前任总裁韦尔奇先生认为所谓团队执行力就是“企业奖惩制度的严格实施”。而中国企业家柳传志先生认为，团队执行力就是“用合适的人，干合适的事”。综上所述，团队执行力就是“当上级下达指令或要求后，迅速做出反应，将其贯彻或者执行下去的能力。”

企业家影响和引领团队，所以企业家精神应该是特别重要。研究企业家精神的人也很多，研究者层次相对高端。综合来看一些研究成果，企业家精神大致是冒险精神、创新精神、创业精神、宽容精神等若干个精神的排列组合，再叠加一些对敬业、诚信、执着、学习等若干个概念的阐述。经济学家张维迎讲得实在，他说：“研究企业家35年，研究越深，就越不敢给企业家提什么建议。我认为经济学家不能指导企业家。经济学家可以告诉政府什么不该做，而不能告诉企业家该做什么。”张维迎还给出了几个研究结论，例如：企业家的职能区分为套利和创新；企业家决策不是科学决策；企业家不能完全听命于投资人；企业家不是一个好员工；公司的成熟度与企业家精神的密度成反比等。

综上，领导力理论、执行力理论、企业家精神研究等丰富了团队建设的知识内容。但是，它们必须最终形成能驱动商业模式的团队动力。根据物理学常识，力有三要素：大小、方向及作用点。团队动力也不例外，也有大小、方向及作用点。并且，团队动力是一种综合能力，由多种能力合成。所以，除了力的三要素之外，我们还要看看团队动力中相关能力的组成结构。领导力、执行力及企业家精神理解起来都不是很难，但是让它们转变为驱动商业模式的团队动力就有点难了。

我们应用领导力时，先检视一下领导力的方向对不对，是否施加于驱动商业模式上，然后再看看施加的领导力强度够不够，能力构成是否与商业模式的需求相匹配。执行力及企业家精神等流行理论也都要面对类似的问题。例如，对照一下相对简单的领导力五力模型，感召力、前瞻力、影响力、决断力、控制力任何一个力用错了方向，搞不对在商业模式上的作用点，就可能将企业获得的核心能力和关键资源变为沉默成本，甚至人为地为企业制造沉重负担。共享单车ofo的创始团队感召力很强，两年多吸引风险投资超过130多亿；决断力也很强，“忽如一夜春风来，神州遍地小黄车”。但是，当风停了的时候，蹿上风口的猪就会狠狠地摔下来。ofo掉下来太快了，摔得太惨了，因为一开始ofo的商业模式就是错的，领导力越强，带来的问题就越大。

6.3 舍九取一：定战略就要做好战略规划！

重点提示

※ 为什么各战略学派所从事的战略研究不够战略聚焦？

※ 如何打破战略理论混沌化与企业实践盲目化之间的藩篱？

※ 商业模式与战略共舞，能够为企业带来哪些价值？

假如有时光机器，我们乘坐它回到2000年。往回看20世纪，战略的家族中已经有设计学派、计划学派、定位学派、企业家学派、认识学派、学习学派、权力学派、文化学派、环境学派、结构学派等至少十大学派，还有许许多多裂变出来的分支学派和杂烩入战略的各种学说。进入21世纪的20年，随着管理咨询及MBA教育的兴起，研究战略的学者数量翻了很多番。出于不同的诉求或需要，不少战略学者都会写一本或多本战略专著，又出现了数也数不清的战略学说（或有学派）。

战略是为了应对环境的不确定性，而战略（理论）本身越来越具有不确定性。我们都说要战略聚焦，而战略本身越来越发散，越来越混沌化、无边无界。战略理论去中心化，战略二字也在泛化，几乎每一个商业新名词、经营管理新概念都能与战略挂起钩来。

中国中小民营企业平均寿命仅2.5年，规模稍大一些的企业平均能活7～8年。95%以上的企业没有战略，更谈不上有一个战略规划。战略理论与实践应用好像冰火两重天，一个过热、一个过冷。两者好像属于两个不同的世界，战略研究在“象牙塔”内转圈，企业实践在大胆地随机试错。

笔者很早就在想，如何贯通战略理论与企业实践之间存在的鸿沟？

让两者相向而行吧。一方面，为战略理论“减重”，找到战略的中心工作；另一方面，为企业实践设计战略应用场景，从形式带动本质，让战略理论融入企业经营中。

虽然战略学派众多，似乎混沌无边界，但是可以归纳收敛成战略5P。1987年，加拿大管理学家明茨伯格提出了战略5P，即战略包括五个方面的内容：一项计划（Plan）、一种对策（Ploy）、一种定位（Position）、一种模式（Pattern）、一种观念（Perspective）。从提出T型商业模式理论之日起，笔者就一直认为，战略5P中的2P即一种定位（Position）、一种模式（Pattern）应该归为商业模式范畴。

战略聚焦与否，不能只是战略研究者们判断企业成功或失败的标准，也应该是研究者们自我批判的参考标准。贯彻舍九取一的原则，让战略理论减少歧义才能真正被广泛落地使用，所以将剩余的战略3P进一步简化为1P，即战略是一项计划。“战略是一项计划”是战略的主航道，而其他战略学派或学说可以认为是主航道周边的蜿蜒支线。

为了与管理学中的计划职能有所区分，我们将战略中的计划称为战略规划。战略规划包含了另外战略2P，即战略是一种对策、一种观念。也就是说，对策和观念依附于战略规划才能实现自身的存在。首先，对策必然存在于战略规划的制定、实施、检查、复盘过程中——战略规划中有对策。实施战略规划时遇到外部环境改变也要给出相应的对策。检查、复盘战略实施情况时，也要给出纠偏或修正的对策。其次，经管团队的战略观念也存在于战略规划的制定、实施、检查、复盘过程中，因为战略观念体现了人的主观性与能动性。

从众多战略学派→战略5P→战略3P→战略1P，经过三次“减重”后，不言而喻战略的中心工作就是制定战略规划。

用开车来比喻，战略规划就是从现在的地方出发，如何到达我们想去的目标位置，其实就是规划了一条行车路线。计划赶不上变化，路途中遇到预想不到的情况，这个行车路线还是可以修改的。但是，不能因为路途中可能有变化，我们就不制定行车路线了。如果那样的话，我们的车就会“漫天游”，欲到达目标位置，就只能依靠运气误打误撞了。经营企业如同开车，必须有一个“行车路线”，即战略规划的路径，不能跟着感觉走。

商业模式的部分内容来自战略，它与战略规划的关系必然很紧密。之前讲到，经管团队驱动商业模式，沿着战略规划的路径发展与进化。由此推导出，战略规划的核心工作之一是为商业模式制定发展与进化路径。打个比方说，经管团队、商业模式与战略规划三者之间的关系，就像司机、车辆、道路的关系。商业模式好比是车辆，战略规划给出的路径好比是道路；车辆在道路上行驶，商业模式与战略共舞！

独角兽企业的生命周期分为创立期、成长期、扩张期、转型期四个阶段。像人的生命一样，其中每一阶段都是一个不同的战略区间，所以应有不同的战略规划主题和商业模式构建内容。

在企业创立期，战略规划主题是“产品组合如何定位”，即诞生存活战略，通过战略规划让商业模式顺利诞生并有健康的生命力。本书第2章谈及了相关内容，从T型商业模式的角度，我们给出的主要理论工具是三端定位模型。

在企业成长期，战略规划主题是“如何持续创造顾客”，即快速增长战略，通过战略规划让商业模式优化迭代并进入快速增长路径。本书第3章谈及了相关内容。从T型商业模式的角度，我们给出的理论工具是飞轮增长模型和五力合作模型。

在企业扩张期，战略规划主题是“商业模式如何进化”，即进化发展战略，通过战略规划让商业模式不断进化、步入扩张发展之路。本书第4章谈及了相关内容。从T型商业模式的角度，我们给出的理论工具是SPO核心竞争力模型和T型同构进化模型。

在企业转型期，战略规划主题是“如何开辟第二曲线”，即转型创新战略，通过战略规划创新商业模式实现新旧交替、跨过非连续让企业获得重生。本书第5章谈及了相关内容。从T型商业模式的角度，我们给出的理论工具是双T连接模型。

以上是本书第2、3、4、5章的重点内容，阐述了独角兽企业在生命周期四个阶段商业模式紧扣战略主题而应有的构建内容、演变之路及其相应的理论模型。

一图胜千言，我们将以上战略规划主题和商业模式构建内容纳入独角兽企业生命周期的曲线中，见图6-3-1。图中画了两条生命周期曲线，即曲线Ⅰ和曲线Ⅱ，之间的区域我们称之为商业模式与战略的共舞区间。它表示商业模式与战略协同后给企业带来的价值增长空间。如果商业模式与战略之间协同得不好，或者说还是让战略在混沌中独自“跳舞”，企业的生命周期曲线为低价值的曲线Ⅰ；**如果商业模式与战略之间协同得非常好，企业的生命周期曲线就为高价值的曲线Ⅱ。当然，这张图是一个对本书重点内容的概括性、示意化表达。**

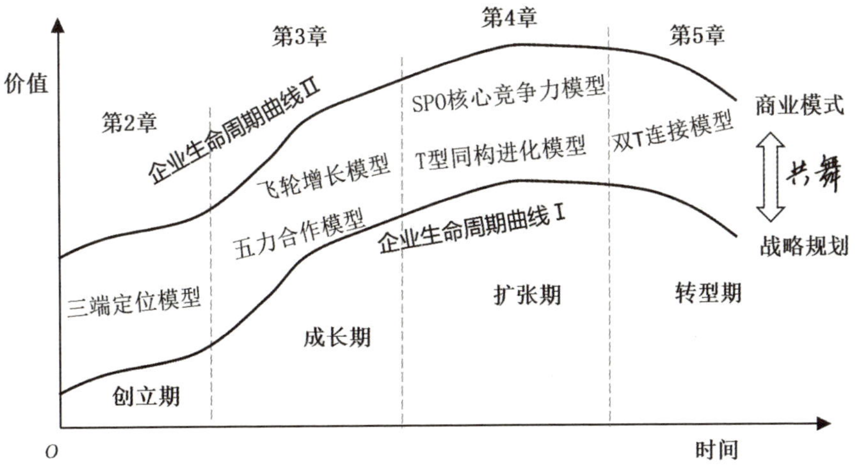

图 6-3-1 商业模式与战略共舞为企业创造价值示意图

没有商业模式理论的时候，战略结合内外部环境独自“跳舞”，就会给企业裂变出各种各样的战略。当今时代外部环境变化频繁，而战略创新杂乱纷繁，似有东拼西凑之嫌，必然莫衷一是。继续教条地“结构跟随战略”，即组织结构及管理活动随战略而频繁变动，就会导致企业经营不稳定、成本增加、风险放大，而且很难形成竞争优势，最终必然损害了企业价值。

商业模式应该有一个固定的结构及基本的赢利增长反馈循环（飞轮效应），例如：T型商业模式的那个“T”及其形成的飞轮效应。在企业生命周期的各个阶段，T型商业模式理论还给出了诸多工具模型，例如：三端定位模型、五力合作模型、SPO核心竞争力模型、双T连接模型等。通过这样的理论构建，以“不变”应对万变，让商业模式成为一个可以吸收外部环境变化而同时自身获得成长与进化的赢利“缓冲装置”，并极大消除外部环境变化对企业的剧烈冲击和不利影响。

舍九取一，让诸多战略学派收敛到1P，即战略规划，让战略规划成为企业战略的中心工作。战略规划的核心任务是为商业模式制定发展与进化路径，商业模式沿着战略规划的路径发展与进化。商业模式与战略之间形成1+1＞2的协同效应，最终降低企业经营风险，增加生命周期各阶段赢利和企业价值。

商业模式与战略共舞，企业价值和赢利增加。根据哥德尔不完备定理，遵循彼得·圣吉的五项修炼，我们还要跃迁到系统思考！庆丰赢利系统是将企业整体看成一个系统，经管团队驱动商业模式，沿着战略规划的路径发展与进化。除此之外，视具体企业和应用场景的不同，庆丰赢利系统还要叠加管理体系、企业文化、资源平台、技术厚度、变革创新等辅助因素，以便更好地发挥出企业整体的系统优势。

登高望远，从整体再看部分，就会更加完整一些。从系统回到组成要素，从庆丰赢利系统俯视——战略规划如何在企业落地？

将“百家争鸣”的战略理论收敛于战略规划，而对于企业来讲，战略的中心工作就是制定战略规划。战略理论与企业实践相向而行，战略规划就是两者相互连通的桥梁。战略学者给企业家讲战略，应该聚焦于企业的战略规划。在企业具体战略实践中，战略规划从1P再分解到3P，即分为三部分：①中长期及年度计划；②突破近期困境的对策；③让经管团队有战略观念，即让他们从琐碎的事务中解放出来，腾出时间一起思考战略问题。

谁来制定战略规划？如果完全依靠外部战略顾问，战略规划可能会脱离企业实际，造成“有战略而难执行”。如果完全依靠内部战略部门，常常导致战略高度不够。企业领导人参与不足时，最终战略也难落地。如果完全依靠企业领导人，面向未来的战略规划往往会出现更多感性决策和经验判断。

企业可以成立一个战略规划小组。该小组主要由战略部门、企业领导人及外部顾问三方人员构成。战略规划小组开展工作可以通过“战略场景”的形式展开，分为中长期规划场景、年度计划场景、战略复盘场景、战略对策场景、战略研讨与培训场景、私董会或董事会场景等。所谓场景可以理解为“项目”，即在尽量少的时间期限内完成，有明确的主题和实质内容，有优选的程序和形式，集合大家的智慧，有一个明确的结果等。

从计划属性来看，战略规划是一个金字塔层次结构，传统的说法主要包括公司战略、业务战略或竞争战略、职能战略三个层次。**现在有了庆丰赢利系统，我们要系统思考，战略规划金字塔就可以改为公司战略、赢利系统战略、职能战略三个层次。**传统与现在两个“金字塔”的主要不同是以赢利系统战略替代原来的业务战略或竞争战略。

赢利系统战略是如何构成的？请大家思考，后续也将有专门书籍论述。

第7章

成为T型人：职业发展与转型如何应用商业模式？

本章导读

每个人都可以看成是一个人经营的公司，所以可以将我们的职业看成是自己的商业模式。阐述企业商业模式时，我们会给出一些优秀企业的案例。同理，本章阐述个体商业模式，列举了刘慈欣、高晓松、渡边淳一、李素丽、比尔·克林顿、袁隆平、亚历克斯·霍诺尔德、小野二郎、童文红、王坚等优秀职业人士的相关事例。

“T型人”是笔者提出的一个新概念。有自己独特而优异的商业模式，积极创造一个幸福美好的职业生涯，就是T型人。如何成为T型人？仿照企业生命周期，我们的职业生涯可以分为职业选择、职业成长、职业跃迁、职业转型四个阶段。在本章也给出了职业生涯各阶段共七个参照模型与工具。有了这些模型与工具的协助，再去领会“一万小时天才理论、精深练习”等励志类畅销书所提出的口号，然后积极成为T型人或“个体独角兽”，也许就会有事半功倍的成效。

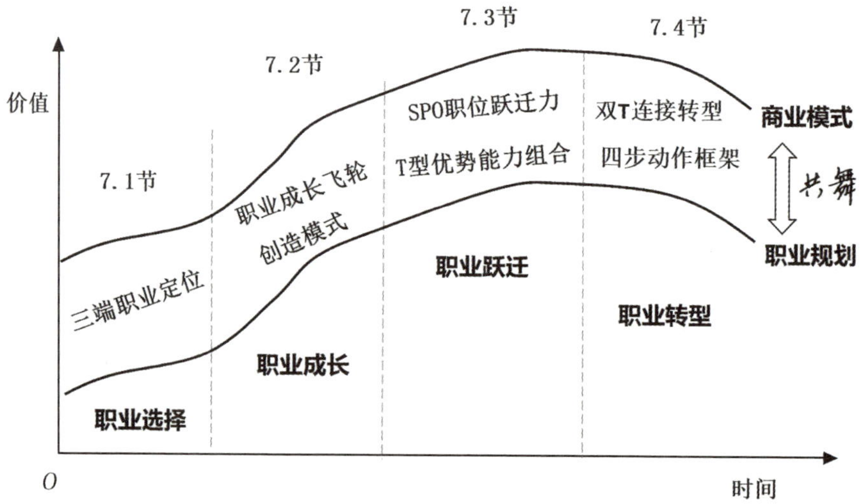

【第 7 章 重点内容提示图】

职业生涯各阶段的参照模型与工具

7.1 三端职业定位：刺猬理念与狐狸心态斗法，谁能赢？

重点提示

※“90后”脱发比例增加的主要原因是什么？如何避免？

※ 从三端职业定位分析，刘慈欣创作科幻小说为什么能取得极大成功？

※ 高晓松远离家庭背景并毅然从清华大学退学，背后的动力有哪些？

2018年末，甘肃省第二人民医院毛发移植中心主任陈志芳在接受记者采访时表示：“今年治疗的脱发病人相比往年增长了20%～30%。近两年，‘90后’来就诊脱发的比例逐渐升高，占整体数量的50%～60%。”甘肃省“90后”就诊脱发的比例就这么高，而北上广“90后”们的比例……

从因果逻辑看，有一果多因的说法。也就是说，导致“90后”脱发这个结果的原因是很多的。而我们揭示一个鲜为人知的原因：一些“90后”，很可能是碎片化知识、杂乱的信息“吃撑”了。

碎片化知识及杂乱的信息，吸收多了，它们不涨肚子，但是涨脑子。如果进入我们大脑的信息太多了，又是碎片化的，它们就会杂乱无章地堆积在一起。用魔幻现实的手法描述：太多的碎片化信息，在我们的大脑里折腾，寻找生存空间，打架斗殴抢地盘，频繁撞击头盖骨，日久天长就把头发给震松动了……

也许为了减少职业焦虑感，以学习的名义我们勤奋刷手机，奔波各地参与应接不暇的吃喝玩乐新式样，努力吸收繁多庞杂的知识和信息。勤奋、奔波与努力，论职业成就，我们大部分还比不上贝聿铭吧！他设计了卢浮宫的玻璃金字塔，100岁时还在做自己喜欢的事。还有管理大师德鲁克，95岁还在写书；钱锺书夫人杨绛，103岁时还在整理笔记；著名肝胆外科专家吴孟超，96岁还在为疑难病人做手术；马来西亚总统马哈蒂尔，94岁参选总统也成功了；诺奖得主杨振宁，90多岁高龄还能偕夫人参加各种学术活动……我们仔细观察一下，令人惊奇的是，他们的头发还有很多，原因何在？

他们有一份自己喜欢的职业，也是一份对社会有价值贡献的职业。每个人可以把自己看成一个人经营的公司，所以也需要一个商业模式。从某种程度上说，我们从事的职业就是自己的商业模式。本书第2章讲了商业模式定位。道理是相通的，由彼及此，职业定位同样适用。我们将图2–1–1的三端定位模型简化一下，得到一个三端职业定位模型，见图7–1–1。

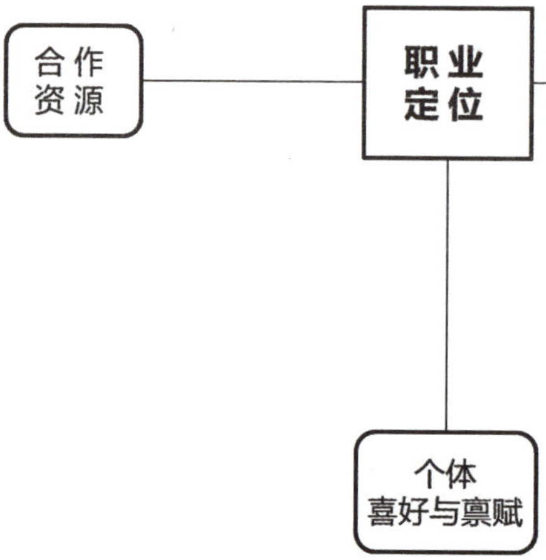

图 7–1–1 三端职业定位模型示意图

由三端职业定位模型可知，职业定位是个体喜好与禀赋、社会需求、合作资源三者的统一。

在少年时期，刘慈欣第一次接触的科幻小说是凡尔纳的《地心游记》。他回忆说："就像是寻找了很久，终于找到了，感觉这本书就是为我这样的人写的。现在回头看，感觉我天生就是该搞科幻小说创作的。”随着社会进步与发展，科幻小说、电影等作品的社会需求将越来越大。据统计，仅2018年刘慈欣的科幻小说《三体》国内外销量超过350万册；科幻电影《流浪地球》票房达到46.55亿元。当然，刘慈欣的成功也离不开出版社的编辑老师、科幻小说界的前辈及师长朋友等合作资源的支持。

仿照企业，个体独角兽也是成立的，也可以有个体独角兽排行榜。除了以上科幻作家刘慈欣，像开发出微信的张小龙、阿里巴巴的CEO张勇、北京公交公司的李素丽、格力电器的董明珠、中国工程院院士王坚等都可以上榜！成为个体独角兽或更广泛的职场成功人士，仔细考察一下，他们每个人的职业定位都一定符合三端定位，即个体喜好与禀赋、社会需求、合作资源三者的统一。

现实中，我们常常与三端职业定位模型偏离，选专业找工作时习惯于单端定位：要么只追寻热门的社会需求，要么全由着自己的偏好，要么根据拥有的合作资源就定夺了。

得到专栏主讲人万维钢说：“现在学商科的人太多了，大多数都非常平庸，只能找工资比较低的职位，很多连出国留学花的学费都挣不回来。”绝大多数学习商业、金融的人，并不是自己喜欢，而是奔着这些是社会需求的热门学科去的。自己不喜欢，或者没有这方面禀赋，职业上就深入不下去。所以，在商业或金融领域，中高端人才奇缺，而平庸之才飘来荡去，到处都是。

仅仅因为自己喜欢，而不与社会需求对接，也是严重的单端定位。人们常说，兴趣是最好的老师。但是，万维钢继续说：“真正的问题是你感兴趣的领域别人也感兴趣，往往竞争激烈，不容易拿到一个好的位置。大多数想做演员的人没有成为明星，这里面有一定的风险。特别是在前期，你可能要度过很长的一段没有什么收入的阶段。”又如，对绘画有兴趣的人非常多。为什么美术专业连续多年被列入就业最难的“红牌”专业？原因恐怕在于推波助澜的艺考浪潮、学科传统落后而无法提供优良的专业训练，导致低端人才泛滥，传统美工供大于求，而社会需求的中高端动画制作、网游及创意美术人才奇缺。

高晓松的父母、外公外婆、舅舅等都是知名大学理工科教授或高级专家。他高中毕业考入清华大学电子工程系无线电专业，应该说与他的家庭背景“门当户对”，拥有的职业合作资源太丰富了。但是，到了大三的时候高晓松发现自己不适合当科学家，因此决定从清华大学退学，后来转行娱乐圈，成为知名的音乐人、脱口秀艺人。高晓松自己的人生能自己做主，无疑是比较幸运的。还有很多人，因为家庭有从政、从商或从艺背景，合作资源异常丰富，选择职业方向时被父母“包办”了。虽然自己不一定喜欢，但是被命运裹挟着，浑浑噩噩一生就过去了。以拥有的合作资源为导向，进行职业定位和选择，也是一种有失偏颇的单端定位。

《T型商业模式》一书中有关于企业商业模式的三端定位原理，稍微转换一下表达方式，就对于职业定位同样适用。**参照图7-1-1，对于个体的职业定位，我们可以这样表达：职业定位是个体商业模式定位的主要内容，可以从个体喜好与禀赋、社会需求、合作资源三端的任何一端开始，并与另外两端协同一致。**

对于社会热点岗位需求，我们职业定位时可以追随，但是要找到与自己的喜好、禀赋一致的方面。按照霍兰德的职业偏好测试理论，个人偏好与存在的职业之间应有一种内在的对应关系。根据个人偏好的不同，可分为研究型、艺术型、社会型、企业型、传统型、现实型六个维度。大部分人都可以从这六个维度中找到自己的职业偏好。假设你学的是商科，而个人的喜好禀赋属于研究型，那么可以向行业研究、投资分析、学术研究、教育培训等方向发展。在工作中，你可以通过谦卑好学，积极与他人协作，增加自己的合作资源。

明确知道自己的喜好与禀赋，不忘初心、孜孜追求不放弃，这就是一笔珍贵的人生财富。个体的喜好与禀赋要与社会需求对接，不断寻找合作资源，才能形成一个逐渐进化的耗散结构系统。渡边淳一从小酷爱文学，人生理想是当一名作家。实际情况是，他接受了家庭的建议，学医很多年，获得了医学博士学位，还当了10年整形外科医生。尽管从医多年，但是渡边淳一还念念不忘自己的文学理想。犹豫不决之时，他给仰慕已久的摩西奶奶写了一封信，希望得到她老人家指点。摩西奶奶是一个普通的美国农妇，76岁退休后开始投入她梦寐以求的画画兴趣，80岁时到纽约举办画展并引起轰动。渡边淳一写信那一年，摩西奶奶已经100岁了。她在给渡边淳一的回信中说："做你喜欢的事，上帝会高兴地帮你打开成功的门，哪怕你现在已经80岁。"受到摩西奶奶的感染和鼓励，渡边淳一果断弃医从文，开始了自己的文学创作之路。此后，渡边淳一迎合社会需求，选择情爱文学方向，创作了《失乐园》《遥远的落日》等五十余部长篇小说，在世界文坛引起了巨大反响。

一个人拥有很好的家庭背景、丰富的合作资源，既可以凭此寻找人生捷径，也可能是一个尾大不掉的"断舍离"负担。像高晓松那样，从清华大学毅然退学，远离家庭背景的庇护，去追寻自己的人生理想，着实给很多人以启迪和鼓舞。另一个可以尝试的职业定位方案是从众多的合作资源中寻找变通的机会，既不放弃自己兴趣爱好，也能有效利用合作资源满足社会需求。李素丽的爸爸是一名公交车司机，这样的家庭背景非常普通。李素丽的儿时梦想是当一名播音员，但遗憾的是，她19岁时进入北京公交公司工作，成为一名公交车售票员。在平凡的岗位上，李素丽认真学习英语、哑语，并努力钻研心理学、语言学，潜心研究服务体验并付诸实践，有针对性地为不同乘客提供满意周到的创新服务。李素丽先后获得了"北京市十大杰出青年""首都楷模""全国劳动模范""全国三八红旗手"等几十个北京市或国家级荣誉称号。可以说，在售票员岗位上李素丽做出的成绩及获得的社会认可，远远超越了成为一名播音员的人生理想。

大多数人一生职业不成功，其实并不是职业定位有问题，而是缺乏“刺猬理念”。“刺猬理念”源自古希腊寓言《刺猬与狐狸》。狐狸是一种狡猾的动物，同时追求着很多目标，思维是凌乱或扩散的。刺猬则把复杂的世界简化成一条基本原则或理念，专注于形成核心能力，而不去轻易分散自己的精力和资源。

众所周知，坚持刺猬理念很难很难，因为围绕我们内外有两个“狐狸”在作怪。第一个是我们个人拥有的“狐狸心态”——追求的目标太多样化，什么都喜欢涉猎一点，浅尝辄止不能深入。第二个是消费主义者藏起来的“狐狸尾巴”——那么多商家，争夺我们的时间、注意力和我们的资源支付方向。

时刻警惕我们自己的“狐狸心态”或是一些商家的“狐狸尾巴”，尽力避免碎片化知识、杂乱的信息，别再让我们“吃撑”了！

7.2 职业成长飞轮：启动有点难，转起来就会省力！

重点提示

※ 从克林顿的事业人生中，我们能获得什么启示？

※ 如何理解哲学家萨特所说的“他人是另一个我”？

※ 如何将《一万小时天才理论》等畅销书转化为可操作、可落地的方法论？

规划并拥有一个事业人生，犹如GPS导航，有个初始位置，规定一个目标位置，选择好一条路径，然后就可以向目标进发了。

三端职业定位大致可以明确自己适合干什么及应该干什么，相当于有了一个初始位置，而目标位置是什么呢？它就是一个人的人生理想或长期事业目标。

哈佛大学有个著名的“目标威力”实验。一群智力、学历、环境都相差无几的学生在走出校门之前，哈佛大学对他们进行了一次关于人生目标的调查。他们中，27%的人没有目标，60%的人目标模糊，10%的人有清晰但比较短期的目标，3%的人有清晰且长期的目标。

25年后，哈佛大学再次对这群学生进行了跟踪调查，结果是这样的：3%有清晰且长远目标的人，一直朝着同一个方向努力，成为社会各界的顶尖成功人士，他们中不乏亿万富翁、行业领袖、社会精英。10%有清晰但比较短期的目标的人，他们生活在社会的上层，有很好的工作，比如医生、律师、公司高级管理人员等。60%目标模糊的人，基本生活在社会中下层，整日为生存而疲于奔命。27%没有目标的人，几乎都生活在社会最底层，在失败的阴影中挣扎。

愿景这个词，企业战略中提及较多，通常是指一个企业努力几十年才能实现的目标。对于个人来说，人生理想或长期目标都是愿景的通俗化表达。特别长期的职业目标，需要未来几十年为之奋斗的人生理想，就是事业愿景。

中学时代的比尔·克林顿非常活跃，想法很多。他的理想曾是当音乐家、牧师、教师或记者。直到有一天，他作为学生代表应邀参观白宫，并见到了当时的美国总统肯尼迪。在与总统握手的一瞬间，克林顿冒出一个疯狂的念头：我也要做白宫的主人。

那年克林顿17岁，他开始将当美国总统作为自己的事业愿景。有了远大目标和坚强的意志，克林顿此后30年的全部努力，都紧紧围绕这个愿景展开。上大学时，他先读外交，后读法律——这些都是政治家必须具备的知识修养。离开学校后，克林顿一步一个脚印，从律师到州司法部长，从州长到民主党主席，42岁时就成功当选美国总统。

脱口而出一个事业愿景太容易了，而不忘初心、持之以恒几十年太难了。愿景背后的强大动力支撑是使命感，使命感是自己的事业对社会或他人的价值意义。法国存在主义哲学家萨特说：“他人是我，他人是另一个我，他人是那个不是我的我，他人是我所不是的那个人。”哲学家说话有点绕，萨特这句话也不例外，笔者将它转换成通俗化表达：他人是自己的成长之梯，梯子另一头就是更好的自己。

坚持自己的职业定位，持续为他人和社会创造价值，就是在不断提高自己的职业能力和工作水平。使命感是一种持久动力，让你从现在的位置，到达未来的愿景位置；让你从现在的你，蜕变成未来的你。萨特所说的“他人”、稻盛和夫积极倡导的“利他之心”，其实是一个一个“他人”及“利他”的叠加与积累，就是未来的自己，就是实现事业愿景。

使命感代表神性，让我们聚精会神追求自己的事业愿景。除了使命性动力，还有歧视性动力——由于被人歧视而激发出追求愿景的强大动力。被他人歧视或歧视他人，这都是普遍的世俗现象。歧视性动力可以激发出一个人出人头地的斗志，往往让“穷小子”成功逆袭。马云历经三次高考，最终才被杭州师范大学录取，之后申请工作被拒了差不多30次，连续创业4次，都以失败告终。直到35岁创办阿里巴巴时，马云的人生才开始逆转，因为他有了使命感——让天下没有难做的生意，神性最终战胜了世俗，马云的人生定位和事业愿景逐渐照进了现实。

有了事业愿景，有了使命性动力或歧视性动力，就应该行动起来，步入职业成长轨道。如何职业成长，我们要找个理论依据。畅销书《异类》重点举例说明了“一万小时定律”：“人们眼中的天才之所以卓越非凡，并非天资超人一等，而是付出了持续不断的努力。一万小时的锤炼是任何人从平凡变成世界级大师的必要条件。”其实把这个定律换算成较大的计量单位，那就是“十年磨一剑”“十年寒窗无人问，一举成名天下知”。中国古人很早就讲了同样的道理。

这个通俗的“一万小时定律”后又被美国学者丹尼尔补充。他也写了一本畅销书，书名直接叫作《一万小时天才理论》。书中说：“了解异类还不够，我们的目标是成为异类！”如何成为异类？他提出了一万小时天才理论的三大要项：精深练习、永葆激情、遇见伯乐。

简单审视一下这三大要项：永葆激情是一个有点祝福色彩的励志词语；“千里马常有而伯乐不常有”，所以遇见伯乐又很难；就剩下了精深练习，其实它就是持续改进、精益求精的另一种表达方式。

当各位觉得这些畅销书给出的建议尚不足够、不够给力、难以落地时，可以参考一下本书的第3章。以下内容摘自第3章导读及第1节：

T型商业模式的创造模式、营销模式及资本模式三者构成了一个飞轮增长模型。这里用作比喻的飞轮是一个机械装置，启动时费点力气，旋转起来后就很省力，并且越转越快。在创造模式、营销模式及资本模式各自的构成公式中，蕴藏着实现创造、营销、资本的第一性原理。

创造模式聚焦在创造一个优秀的职业技能，营销模式负责把这个“职业技能”售卖给目标客户；营销模式从目标客户或市场竞争中获得的需求信息反馈给创造模式，然后创造模式对“职业技能”进一步迭代更新；营销模式再把改进的“职业技能”售卖给更多的目标客户……这样的往复循环，既是一个调节反馈过程——对“职业技能”不断纠错改进，更是一个增强反馈过程——“职业技能”越来越优化，创造的顾客越来越多。

创造模式与营销模式的积极联动循环，就会产生盈利及其他资本积累。“职业技能”销售产生的盈利可以转化为货币资本；复购及协助口碑传播的顾客是企业（个体）的关系资本，协助创造的合作伙伴也是关系资本；同时人才成长、技术进步及其他经营管理提升就会形成“个体”的智力资本。在资本模式中，从创造模式与营销模式进来的资本积累被形象地称为储能的过程。与此同时，在“职业技能”发展与进化时，由于所需要资本的相关性及共享性，资本模式也会对创造模式与营销模式赋能。

资本模式与创造模式、营销模式之间不断循环发生的储能、借能与赋能，叠加创造模式与营销模式之间的增强反馈循环过程，就会在它们三者之间启动创造顾客的飞轮效应——“职业技能”不断进化，创造的顾客越来越多，积累的资本（储能）越来越多，资本借能与赋能越来越增强，见图7-2-1。将T型商业模式概要图与飞轮效应示意图叠加在一起，称之为职业成长飞轮模型。

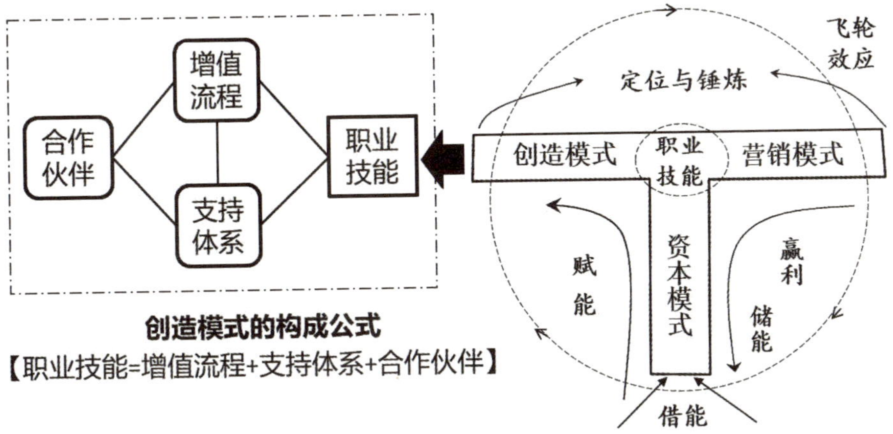

图 7-2-1 职业成长飞轮模型（右图）及创造模式（左图）示意图

在以上内容中，将产品或产品组合更换为职业技能，将企业更换为个体，适用于企业的飞轮增长模型就是个体的“职业成长飞轮”。职业个体可以看成一个人经营的公司，同样需要独特的商业模式，需要一个职业成长飞轮。有人说，我们是职业经理人，目标客户怎么定义？从“利他”的角度讲，“他人”就是个体的目标客户。具体来说，我们所在单位、服务的公司就是我们的目标客户。资本模式中有储能、借能与赋能，借能可以理解为学习——去高校院所进修学习，自己不断学习，向高人师长学习，也包括从社会环境中汲取有价值的营养。当然，这里的资本并不主要指个体的物质或货币资产，而主要是指个体的能力与资源。

除了本书第3章，还可以参考已出版书籍《T型商业模式》。它对创造模式、营销模式、资本模式及商业模式原理、创新阐述得更加翔实和细致一些。为了便于从企业向个体转换与导入，下面再对个体的创造模式稍微讨论一下。

家庭或他人的资产，只是自己的背景，还不是自己的资本，所以个体要有自己的创造模式。个体创造模式的表达公式为：职业技能=增

值流程+支持体系+合作伙伴。

增值流程，可以分解为两部分：首先明确哪些是自己的业务流程，其次聚焦于如何为目标客户增值。袁隆平说："水稻专业是一门应用科学，电脑里长不出水稻，书本里也长不出水稻，要种出好水稻必须得下田。"几乎每天都要下田，就是袁隆平研究团队成员的业务流程。平庸的人经常轻视自己的业务流程，倾向于"荒废自己的田，爱拔别人的苗"。干一行怨一行，到老也不在行！在业务流程上，更重要的是为目标客户创造价值。袁隆平经常下田，这是一个农业科学家的本分，而将水稻产量从平均亩产300千克先后提高到500千克、700千克、800千克、1 000千克，就是在为目标客户创造巨大价值了。

支持体系，可以简单理解为个体的核心能力和关键资源，即个体能够调用的有效资本，它们对于提升职业技能的作用不言而喻。能力来自勤学苦练、虚心学习、相互协作、取长补短。一个人有能力时，通常就能吸引很多资源；一个人有资源时，就要设法转化为自己的能力。

合作伙伴，通俗地说就是获得贵人相助。欲要"贵人助我"，先要"我助贵人"。《国富论》作者亚当·斯密还有一本很著名的书《道德情操论》。书中指出，只有成为一个具备优秀素质、值得被别人爱的人，才能在长期合作时成本最低、效率最高。查理·芒格有类似的一句话："想要得到某样东西的最好方法，就是让自己配得上它。"换成T型商业模式的语言，就是个体要持续累积自己的能力和资源，即将有或已经拥有一个优异的职业技能时，"贵人们"就会慕名而来。

创造模式的公式"职业技能=增值流程+支持体系+合作伙伴"告诉我们：**锤炼一个优秀的职业技能，需要增值流程、支持体系、合作伙伴三个要素协作起来，不断地进行增强反馈循环。**

7.3　SPO职位跃迁力：垂直攀登，才有这边风景独好！

重点提示

※ 一些人非常精明灵活，但是缺乏垂直攀登能力的主要原因是什么？

※ 对照本节的相关阐述和案例，写出自己的T型优势能力组合。

※ 对照SPO职位跃迁力模型，写出自己的职位阶梯。

凭借职业成长飞轮及创造模式等职业成长模型，让我们不再盲目地“随机游走”。所谓职业发展——有点浮夸的流行说法叫作“个体崛起”，就是成长到一定程度，我们就要职位跃迁。水往低处流，而人往高处走！关于职位跃迁，人力资源专业人士或非专业人士对此都有很多讨论，畅销书及理论模型也逐渐丰富起来。

笔者看来，职位跃迁分为世俗的和神性的两种通道。

世俗通道就是“考证书、拿文凭、评职称”等满足规定的跃迁条件，也包括“找关系、跟对人、会来事”等一些所谓的捷径。

北京大学中文系教授钱理群说：“我们的大学，正在培养一大批精致的利己主义者。他们有很高的智商、很高的教养，所做的一切都合理合法无可挑剔。他们惊人地世故、老到、老成，故意做出忠诚姿态，很懂得配合、表演，很懂得利用体制的力量来达成自己的目的。”

外国的月亮就圆一些吗？万维钢在《常青藤的绵羊》一文结尾写道：“美国名校找到了一种很好的商业模式。在这个模式里最重要的东西是排名、科研、录取和校友捐款，教学根本不在此列。”由此推断，一些美国名校师生并不比“精致的利己主义者”好到哪里去。例如：一位斯坦福大学的学生在网络上分享了他的心声 ：“如果要出人头地，出类拔萃，那么就是要完全配合并服从于（名校）这个系统。我看到过我身边不少朋友，为了成绩和简历，不惜牺牲自己的健康、友情、爱情、个人探索、课余活动等，而这些牺牲恰恰又是构建一个人内心和灵魂的基石。”

爱奇艺打造的《奇葩说》节目中，有一期选手是来自清华大学的校园“风云人物”梁值。梁值不仅学习能力一级棒，而且在表演、唱歌、主持、运动方面也是样样在行，在大学及社会上各种奖项拿到手软。作为学霸中的学霸，校方眼中最优秀的学生之一，梁值拥有法律学学士、金融学硕士、新闻传播学博士三项清华大学学位。所以，他一登上《奇葩说》的舞台就说，自己拥有三项清华大学学位，但现在正为毕业后选择什么工作而苦恼，请三位导师给支个招。

结果，他一开口就惹怒了三位导师。导师之一蔡康永直接按铃淘汰，理由是上台的选手要有自己的观点并提问，而不是来这儿找工作。随后梁值极力为自己辩解，解释从本科、硕士到博士，为什么会选择这三个专业等。此时同是清华大学出身的另一位台上导师高晓松已经听不下去，直言不讳地批评道：“一个名校生走到这里来，问我们你该找什么工作？你觉得愧不愧对清华大学对你十多年的教育？”

以通常的标准判断，其实梁值挺优秀的。大学普遍存在这些“通常”的判断标准，转场到职场中还更严重一些。世俗通道有套路或捷径可寻，也隐藏危机。王东岳在《物演通论》中有这样一段话：“出于同一机制，宇宙的条件化演进，必使越后衍的物种其存在度越来越弱，这种情形是典型的累卵之危。每一个条件就像是一枚鸡卵，你需要的生存条件越多，相当于把众多鸡卵垒得越高，你置身于那高高叠起的累卵之上，心里岂能不疑惧忐忑！倘或其中的某一个必需条件突然崩溃，就像那叠罗汉似的某一鸡卵骤然碎裂，你的整个生存基础不免立刻轰然坍塌。”

职位跃迁时，不适合世俗通道，就可以试试神性通道。这里的神

性，表示个体聚精会神、自我主宰的精神性。萨特在《存在与虚无》一书中提出一个命题：人是被判定为自由的。在萨特看来，无论在什么条件下，每个人都有选择的自由，人的一生就是一个不断选择的过程。人之初是个无，他什么也不是。直到后来，在这个世界上崛起，然后才规定他自己。人要通过自己的创造，最后才能获得自己的本质。

人们内心深处会远离职场中的“妖魔”，却非常崇拜专业领域的“大神”。这里的神性，还表示为人的神圣性、利他性，个体有使命感，以自己的职业或事业为他人和社会创造价值。孔子说：“富与贵，是人之所欲也，不以其道得之，不处也。”一个人要走得远，根基要正，这样才能保有并享受自己的物质和精神财富。

神性通道如同直面悬崖，必须垂直攀登，虽然过程中有些艰难，但也会乐在其中。稻盛和夫说，人生要做垂直攀登！秉持坚定的意志，一步一步、踏实努力的人，不管路程多么艰辛和遥远，最终他一定能登上人生的顶峰。

徒手攀登（Free Solo）是指无辅助、无保护、单人徒手攀岩，无论危险性还是挑战性，都被列为极限运动之首。美国人亚历克斯·霍尔诺德被称为“汉诺侠”，是一名徒手攀岩狂热爱好者。2017年6月3日，他用时3小时56分，成功徒手攀登上了美国酋长峰。此前，《国家地理》杂志将徒手攀登酋长峰称为“无保护攀登界的登月”。

酋长峰高度914米，是全球最大的花岗岩巨型独石，几近垂直地耸立于美国加州约塞米蒂国家公园内。在“汉诺侠”之前，世界上还没有人能够成功攀登它。

“汉诺侠”出生于1985年，5岁时就喜欢到房顶爬上跑下，11岁开始攀岩，每天去岩馆攀爬3个小时。“汉诺侠”具有较高智商，痴迷攀岩也喜欢读书，高中毕业顺利考入名牌大学。19岁时，他从加州大学伯克利分校退学，离群索居进行职业攀岩。近10年时间，“汉诺侠”常住在一辆改装的房车里，像羚羊一样迁徙，四处奔波寻找适合攀登的岩壁。

“汉诺侠”在徒手攀登领域出类拔萃的表现，引起了商家的合作兴趣，花旗银行、宝马汽车等大牌企业与他都有产品代言合作。除此之外，“汉诺侠”通过拍电影、参加电视节目、发起赞助等多种形式也可以获得赢利。

通过神性通道进行职业发展与跃迁，像“汉诺侠”那样“垂直攀登”的能力构成是怎样的？它分为核心能力与辅助能力两个部分，两者构成一个T型组合，称为T型优势能力组合，见图7–3–1的左图。

“汉诺侠”的核心能力是徒手攀岩并以此谋生和实现自我价值。“汉诺侠”的辅助能力有哪些呢？“汉诺侠”在大学主修工程，他习惯以工程思维进行攀岩训练和实操管理。在他的房车内，藏有数百页训练日志和线路记录。经过两次有绳攀登酋长峰“彩排”后，“汉诺侠”必须牢记绝大部分路段上每一步的操作方法，细化到手指抓住那个位置，相应地脚趾踩在什么地方。面对成千上万个步骤或细节，如果有一个搞错了，整个徒手攀岩就可能“无解”了——人体悬挂在几百米高的垂直峭壁上，束手无策，只能……在空闲时间，“汉诺侠”会读很多文学和哲学书籍。因此，他对人生意义、生命价值、武士精神、超越自我、死亡概率等很多问题有独特的理解，这些有助于构建“汉诺侠”的徒手攀登信仰和职业使命。

我们上大学选专业，目的应该是为了构建自己的核心能力；学校贯彻博雅教育及知识付费平台提供的通识教育，目的应该是为了构建我们的辅助能力。

在T型优势能力组合中，核心能力就像一个钻杆，越深入越好；辅助能力就像为钻杆提供放大动力的旋臂，要有适当的宽度和长度。两者组合而成的“人生钻机”逐步形成核心竞争力，让我们个体商业模式实现赢利累积，最终达成事业愿景。因此，打造自己的核心竞争力，我们首先要有一个T型优势能力组合。

我们再研究一下《三体》作者刘慈欣的T型优势能力组合：刘慈欣的核心能力无疑是科普小说写作能力，而他的辅助能力是什么呢？刘慈欣说，自己是个狂热的科学迷，痴迷航天航空，热爱武器、游戏和网络，喜欢物理等基础学科，喜欢俄罗斯文学和看电影，是一个十足的电影爱好者。他还坚持从事一份工程师的工作，这样能够日常接触现实世界的问题。除此之外，为了创作更优秀的科普作品，他还会去实际体验相关的工作岗位。

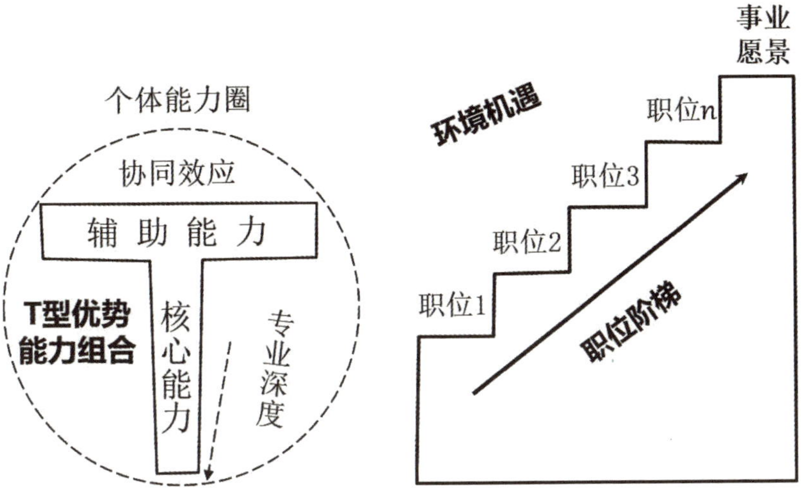

图 7-3-1 T 型优势能力组合（左图）及 SPO 职位跃迁力模型（右图）示意图

除了刘慈欣、“汉诺侠”，凡是有巨大职业成就的人，像爱因斯坦、德鲁克、乔布斯、杨振宁、李政道、比尔·盖茨、郎朗等都会有一个T型优势能力组合。

有了核心能力和辅助能力，如何形成核心竞争力？一种核心能力叠加多个辅助能力，可以借鉴查理·芒格提出的好上加好（lollapalooza）效应，主辅能力同向叠加，共同作用于同一个方向，产生了极强的放大与协同效应。核心竞争力也是一种系统性能力。按照系统科学的解释，在一定的外部环境影响下，一个人的核心能力与多种辅助能力不断交互作用，发生非线性反应，产生整体大于各部分之和的协同效应，逐渐地核心竞争力就形成和涌现了！

除此之外，本书第4章重点讲了企业核心竞争力，其中的大部分内容尤其是SPO核心竞争力模型，对于个体职位跃迁同样适用。研读一下第4章并“借假修真”，转换成个体身份，将会有更多收获。个体与企业还是有些差异，表达方式上也应该有所区分。所以，我们将个体的核心竞争力模型叫作SPO职位跃迁力模型，它由T型优势能力组合（简称“优势能力/Strengths”）、职位阶梯（Positions）、环境机遇（Opportunities）三个基本要素组成，其中SPO取自三个组成要素的英文首字母，见图7-3-1的右图。

优势能力、职位阶梯、环境机遇三者共同发挥系统性作用产生职位跃迁力，其具体的反应过程和增强原理如下：职位沿着阶梯跃迁需要评估外部的环境机遇及内部的优势能力。当三者能够统一起来，个体职位就获得了沿着职位阶梯前进一次的机会。如果个体职位成功跃迁了一次，职位跃迁力就累积了一次。如果职位沿着阶梯跃迁所获得的成功次数远大于失败次数，那么我们就说该个体具有了职位跃迁力。也就是说，职位跃迁力是职位晋升实践中形成的，依靠职位跃迁的成功次数和成功率来衡量的，有一个较长期的累积过程。详细的原理和解释请参见第4章的内容。

在SPO职位跃迁力模型中，优势能力、职位阶梯、环境机遇三者缺一不可，并且它们必须相互匹配、有效连接，形成“三点一线”，才能涌现出系统结构下的协同效应，才能最大效能地构造职位跃迁力。

另外，图7-3-1左图所示意的T型优势能力组合也代表了我们个体的能力圈。巴菲特说：“对于你的能力圈来说，最重要的不是能力圈的范围大小，而是你如何能够确定能力圈的边界所在。如果你知道了能力圈的边界所在，你将比那些能力圈虽然比你大5倍却不知道边界所在的人要富有得多。”

本节开头说到，职位跃迁分为世俗的和神性的两种通道。T型优势能力组合理论、SPO职位跃迁力模型是为选择神性通道进行职位跃迁的个体提供的一套方法论。当然，现实中的职位跃迁要复杂得多，较多情况下会涉及T型优势能力组合的调整，辅助能力可能变为核心能力，核心能力也可能转变为辅助能力等。这方面的问题，下一节将给出一些简要讨论。

7.4 蓝海职业转型：先四步动作框架，再精深练习

重点提示

※ 从前台接待逐步跃迁到阿里副总裁，童文红的经历给我们什么启示？

※ 从心理学转型到计算机，王坚院士的T型优势能力组合有什么改变？

※ 对照四步动作框架等工具，为自己写一份职业转型计划或分析报告。

小野二郎是日本国宝级职人，纪录片《寿司之神》的主角。因为这部电影和日本寿司第一人的美誉，他被全世界所认识。小野二郎出生于1925年，一生超过60年时间都在做寿司。一次他接受采访时说："今年我93岁了，我想用这双手捏寿司到100岁。"为了保护创造寿司的双手，他不工作时永远戴着手套，连睡觉也不懈怠。

小野二郎的寿司店位居东京银座办公大楼地下室，外观朴素无比，木栅栏后面有10个座位，第一眼看上去还有可能感觉过于简单了一些。在这家小小寿司店吃饭要提前1个月预约，用餐标准3万日元起，顾客不能点餐，完全按当天的安排。一顿饭30分钟内吃完，顾客要马上走，因为后面还有预约。但是吃过的人还是会感叹，这是"值得一生等待的寿司"。

像小野二郎这样的优秀职人，在日本有几十万个，他们是创造日本产业奇迹的脊梁。日本职人一生只做一件事，对照上节讲到的SPO职位跃迁力模型，他们聚焦于本职做"精深练习"，T型优势能力组合向深度探索，不断提升核心能力。他们的职位跃迁，就像弹钢琴的升级或下围棋的提升段位，永无止境。

2000年时阿里巴巴还在创业期，由于生孩子几年没有工作的童文

红，通过应聘成为阿里巴巴的前台接待。虽然前台接待工作看起来很简单，但是再就业不易，童文红还是相当珍惜这份工作。为了能尽快熟悉这份工作并做出特色，她常在闲暇时刻总结工作心得，不断提高工作质量。有同事要出差，她会提前准备好交通信息；来访客户有疑问，她会努力帮助解答；哪个部门缺人手有困难，她都是尽心尽力去帮助和解决。有句话说：你足够好，才能得到上天的垂青。20年来，童文红从行政前台起步，一步一步做到资深副总裁、菜鸟网络CEO、阿里巴巴集团首席人力官。阿里在美国上市时，童文红成为27名合伙人之一，拥有的0.2%股权价值超过65亿元。

对照前文的图7-3-1，优势能力、职位阶梯、环境机遇三者共同发挥系统性作用产生职位跃迁力，童文红的职业发展历程非常符合这个SPO职位跃迁力模型。阿里巴巴从一个创业公司成长为一个巨无霸新兴产业集团，对于职业者来说，这个过程中蕴藏着巨大的环境机遇红利。上帝只会垂青那些有准备的人！童文红不断调整和累积自己的优势能力，满足并不断超越环境机遇的要求，所以能够沿着职位阶梯不断跃迁。从外部看，童文红的职业发展似乎跑出了“火箭般”的速度；而从内部看，实际上是非常顺理成章的。

就像很多人上大学选专业时，有点盲目或身不由己，王坚大学阶段误打误撞学了心理学。他28岁成为浙江大学（当时叫杭州大学）心理学博士，30岁成为心理学教授，31岁成为博士生导师，32岁成为心理学系主任。他用了4年，完成了别人要10年以上才能走完的路。即便有点无可奈何，王坚在心理学这条路上一走就是20年。

1999年，37岁的王坚竟然从大学辞职了！他放弃原有的一切，转行计算机专业，加入微软亚洲研究院，以横跨心理学和计算机两大学科的复合优势，出任常务副院长。2008年，王坚又从微软辞职加盟阿里巴巴，担任首席架构师及首席技术官，负责阿里云计算项目。历时不到五年，王坚领导的云计算项目取得里程碑式的进展，至今阿里云已经成为全球云计算领域的领军者之一。2019年11月，王坚当选为中国工程院院士。

从T型优势能力组合分析，37岁之前在浙江大学任职的王坚，其核心能力是心理学研究，辅助能力主要与计算机相关。在大学读书期间，王坚就对计算机产生了浓烈的兴趣。在王坚旁听的计算机课程里，他的水平甚至超过了讲师的水平。王坚发表的硕士论文《人机交互和多通道用户界面》，是中国第一部讨论人机交互的论文，后来航天工程上轨道对接的人机交互程序都受到这篇论文的影响。

37岁之后加入微软及任职阿里巴巴的王坚，其核心能力是计算机领域的相关研究，辅助能力主要与心理学相关——核心能力与辅助能力颠倒了一下。这时的王坚，相当一部分工作是从事用户需求研究、带团队及项目管理，所以心理学也是能发挥很大作用的。

笔者最早学习的是电光源专业。如果一生只干这一行，也许可以成为一位有潜力的电光源专家，但是毕业后，有时代影响的原因，也是为了照顾年龄较大的父母，回到老家城市的舞台灯具研究所从事产品开发工作。这不能算完全改行，但是有80%专业不对口。在工作期间，笔者发现自己对企业管理比较有兴趣，就自学管理学并积极参加一些管理实践和培训。再后来，创业搞景观照明公司时，技术与管理复合在一起，形成T型优势能力组合，经商办企业就容易一些。

自学管理学应该获得官方认可，才能被社会广泛承认。因为对管理学有学习兴趣和多年的管理实践，在几乎不占用时间复习的情况下，2004年笔者入学复旦大学工商管理硕士（MBA）时，在全国近四万名考生中，联考“管理学”成绩名列前茅。在复旦大学全日制学习两年，笔者全面系统地接受了前沿工商管理课程及课余交流活动的熏陶。笔者从复旦大学进修毕业后，转行从事风险投资工作，这时又要培养实业投资这个核心能力，而投后管理就是辅助能力。实际上，比较尴尬的是，笔者的辅助能力水平一直超过核心能力，今后若干年似乎还会延续这个趋势。

现实中的职位转换、转型要复杂得多，涉及各种各样的T型优势能力组合的调整，辅助能力可能转变为核心能力，核心能力也可能转变为辅助能力等。但凡个体成就一番事业，必定是核心能力为主，坚持进阶到出类拔萃；而辅助能力对核心能力提供有力支持，但不能喧宾夺主。包括笔者在内的大多数人需要尽快提升自己的核心能力；也有一些人可能需要像王坚那样，辅助能力与核心能力颠倒一下。

参照SPO职位跃迁力模型，我们沿着职位阶梯向前跃迁时，T型优势能力组合应该匹配新的职位。新的职位必然有新的优势能力要求，所以个体职业生涯中优势能力是不断调整变化的。

按照通行的标准，18岁之后就是成年人了。现在，我们接受大学及以上阶段教育的时间越来越长。如果将读大学、攻读硕士、博士学位也看成一种职业的话，那么从学习者转变为工作者，就是一次较大的职业转型。

《科学》杂志预计，到2045年，全球50%的工作岗位将被人工智能取代，而在中国（制造业大国）这个数据是77%。也就是说，30年之内，我国每4个工作岗位中至少有3个会被人工智能取代。

现实中的职业转型也是普遍存在的。人需要不断尝试，也会不断挑战自己。技术人才转型搞管理，管理人才转型搞投资，经理人遇到机会转型去创业，创业者功成名就去做企业顾问……像王坚、高晓松那样，回归初心从事自己喜欢的事业，也是大有人在。

本书第5章主要讨论企业转型，重点阐述了企业如何开辟第二曲线业务。个体就是一个人经营的公司，所以职业转型也可以看成是找到第二曲线职业即新商业模式，替代原来的第一曲线职业即旧商业模式。个体再造一个新商业模式，跨过职业生涯的非连续，以第二曲线替代原有的第一曲线，就是以新的商业模式替代原有的商业模式。所以，第5章所阐述的“第二曲线原理、双T连接转型模型及其三项原则、五个步骤”同样适用于个体的职业转型，见图7-4-1。

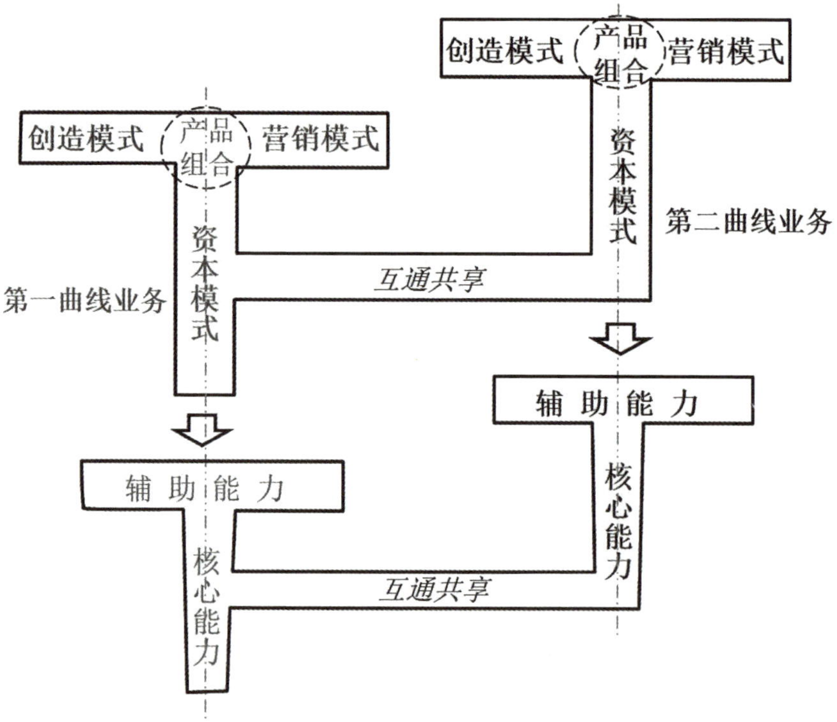

图 7-4-1 双 T 连接转型（上）及相应的 T 型优势能力组合转换（下）示意图

双T连接转型模型（见图7-4-1之上图）中有一个原则叫作“第一曲线资本利用最大化原则”。商业模式中的资本是指核心能力与关键资源，对于个体职业发展也是如此。对于职业转型来说，就是个体将原有的能力和资源尽量应用到新的职业岗位中去。

一些职业发展或转型的困境是个体能力与资源的关系没有处理好。一些人太有资源，每天还在网罗或积聚各种资源，但是提升自己的核心能力不到位，在自己的面前出现了“资源陷阱”——由于资源太多，应酬太多，更没有时间提升自己的核心能力，最终资源不能变现却深受其累。还有一些人很有能力，但是被周边环境或自己的格局“绑架”，导致所需要的将能力转变为职业发展的有效资源严重不足。

职业转型时，如何将能力和资源更加有效地转换，然后尽快补上自己的新职业“短板”？

蓝海战略理论中阐述了一个工具，叫作“四步动作框架”。现在看来，蓝海战略中的“战略”二字有点误导人了，实际上该理论是讲如何对产品重新定位、如何对老商业模式（原有红海）进行转型升级（发现蓝海）。既然蓝海战略属于商业模式“一家亲”，所以四步动作框架也比较适用于个体的商业模式新旧交替即职业转型。新旧职业转型四步动作框架分为四个步骤：剔除、减少、增加、创造，见图7–4–2。

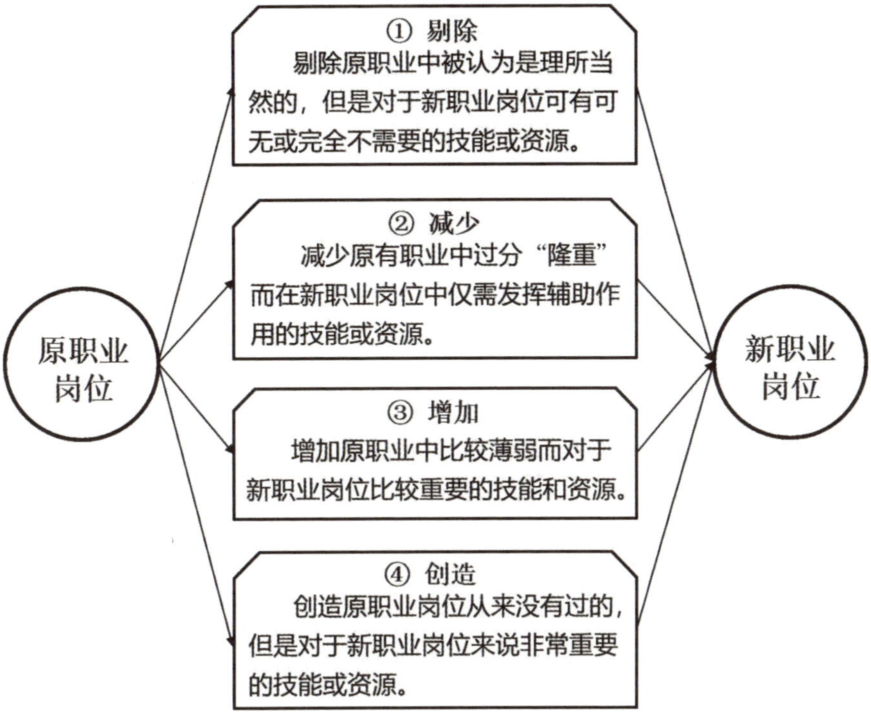

图 7–4–2 新旧职业转型“四步动作框架”示意图

我们举一个例子，来说明四步动作框架在职业转型中的应用。刘钢博士原来在一家大型国有企业工作，曾任职现代刀具分厂的厂长兼首席专家。2011年他离职创业，是上海拓璞的创业团队成员之一，起初负责上海拓璞的全面综合管理，后来随着企业规模变大，他重点负责成都子公司的日常管理工作及德国子公司的经营督导工作。对照图7-4-2，刘钢博士这样阐述他的职业转型：

①剔除。原来在国有企业时，作为刀具专家参加行业会议和专业技术评审比较多，每年还要指导几个硕士研究生完成科研项目和论文。参与上海拓璞创业后，从刀具专家转向了五轴机床业务的创业开拓与经营管理，所以原来的那两项工作内容（行业评审会议及带研究生）就可有可无了，应该从“日程表”中剔除掉。另外，他还是一位有资质的兼职篮球裁判；与同学朋友聚会时，也喜欢推心置腹畅饮一番。转型创业后，他必须将全部精力用到工作中去，更需要专心致志并深入思考，所以将这些爱好也就逐渐剔除掉了。

②减少。由于原来任职的国有企业管理比较规范，一切可以按部就班运转，所以他60%的时间可以从事现代刀具科研工作。参与创业后，更多是筹建经营管理系统和参与五轴机床系列新产品开发，而现代刀具只是五轴机床的一个应用子模块，所以职业转型后，他觉得有必要将刀具科研占用的时间减少到5%以下。

③增加。尽管他原来也主导一个国有制造工厂的管理，但是现在重点参与一个高速发展的创业公司的经营管理筹备，还是相当有挑战和难度的，所以他必须大量增加这方面的实践和学习。另外，尽管他原来对五轴机床比较熟悉，但是现在与创业团队一起协作，共同负责新产品研发和产品战略制定，对标新职业岗位的需求，出现了较多薄弱和不足，所以他必须加强这些新业务领域的研究和学习。

④创造。上海拓璞重点面向航空航天领域，以定制化为特色，是一家专业从事高端装备研制的高科技公司。筹备与管理这样一家有一定复杂度的高科技公司，他认为必定要“不走寻常路”，在运营管理及产品研制管理上应该有较多创造与创新的成分。为此，他与团队伙伴一起，在创业初期就为企业引进了起源于霍尼韦尔的启盈EOS运营系统，后续引进IBM公司的IPD集成产品开发系统。无论EOS还是IPD，都

是他需要创造性学习与应用的新领域。他深刻认识到，只有EOS及IPD成为他职业技能中创造性提升的一部分，才能成为企业经营管理的一个有机构成部分。

笔者在众合创投／鼎鑫国际资本从事投资工作10多年，不仅协助所投资企业梳理商业模式、战略规划，也时常为优化管理团队和提升创业动力给出一些建议。从经理人转型为创业者，可以说是一次比较大的职业转型。职业转型的背后是个人能力、资源及心智模式的转换。这些转换不能流为空谈或形式，需要一些像图7–4–2所示的四步动作框架及T型优势能力组合、双T连接转型等结构化模型或工具协助落地。

“T型人”是笔者提出的一个新概念。有自己独特而优异的商业模式，积极创造一个幸福美好的职业生涯，就是T型人。如何成为T型人？仿照企业生命周期，我们的职业生涯可以分为职业选择、职业成长、职业跃迁、职业转型四个阶段，在本章也给出了职业生涯各阶段共七个参照模型与工具，见图7–4–3。有了这些模型与工具的协助，再去领会“一万小时天才理论、精深练习”等励志类畅销书所提出的口号，然后积极成为T型人或个体独角兽，也许就会有事半功倍的成效。

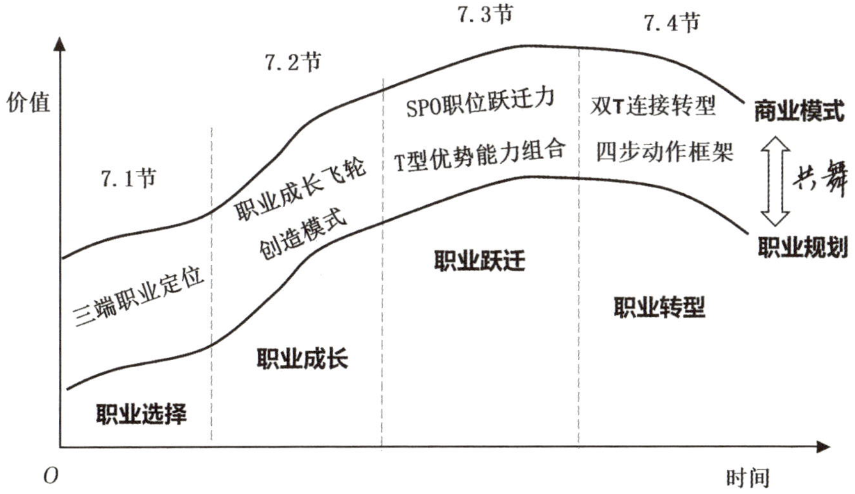

图 7–4–3 职业生涯各阶段的参照模型与工具

除了以上7章篇幅阐述的商业模式、战略、职业转型等相关通行理论或模型，这里还想对大学生创业额外给出一些建议：大学生从学习者成为工作者，就是一次幅度极大的职业转型，属于两个完全不同的商业模式，而跨越式转型为创业者，这个幅度是“极大中的极大”，两者之间商业模式的差别就更加巨大了。大学阶段创业成功的案例真有一些，像饿了么创始人张旭豪、美团创始人王兴、聚美优品创始人陈欧等，还有像小米创始人雷军、京东创始人刘强东等，他们都从大学阶段开始创业或在大学期间就有创业经历。

但是，中国改革开放超过40年了，各阶层人民都是勤劳、聪明而富有智慧的，随着各行业产业链的日渐成熟及拥有专业素养的高级人才日趋丰富，一个有潜力的人才在大学阶段就开启创业人生，希望创造出一个优秀可持续的商业模式，确实越来越难了。用概率语言说，过去大学生中有1%的人适合创业，但仅有不超过1%的成功率；现在仅有1‰的人适合创业，但成功率远小于1‰。

即便只有百万分之一的可能性，有想法有抱负的大学生也可以尝试创业，因为它是一段加速成长的人生历练。当历练一个阶段，评估自己创业不成时，就要尽快转型——脚踏实地把一份职业干好；若干年后，在成为资深专业人才的基础上，继续有想法有抱负，还可以再开启创业人生！

后　记

出版的书籍就是作者的产品，所谓独木不成林，两本以上才能构成产品组合。

如果把第一本书《T型商业模式》比喻为妈妈的话，那么这本《商业模式与战略共舞》的角色就相当于爸爸。有了爸爸与妈妈，就是一个家庭了。

如果再写一本的话，书名暂且叫作《企业赢利系统》，它相当于这个家庭中的长辈，类似于爷爷的角色。

私人董事会，简称私董会，是一种新兴的企业高管学习、交流与社交模式，核心在于汇集跨行业的企业家、专家顾问、总裁教练等群体智慧，解决企业经营管理中比较高端、复杂而又现实的难题。世界知名调查机构邓白氏的调查显示：这种服务模式可以有效提升企业的竞争力，拥有私人董事会的企业平均成长速度是其他企业的2.5倍。据不完全统计，欧美发达国家有50多万总裁都拥有自己的私人董事会。

大致在2013年，私董会开始被中国企业界广泛接受。近几年来，形形色色的私董会，借助于媒体的宣传，企业家圈子的助推，就像一阵风，流行了一阵子。让私董会看起来高大上，但是缺乏内容核心，这类似于那个买椟还珠的故事：

春秋时代，楚国一位商人希望将一颗精美的珍珠卖个好价钱，他特地用名贵的木料制作珠宝盒，在盒子的外面精雕细刻了华美的图案，并用上等香料把盒子熏得香气扑鼻。一个郑国人闻香识宝物，看见这个装宝珠的盒子既精致又美观，遂爱不释手，问明了价钱后，就买了下来。令人惊讶的是，他打开珠宝盒，把里面的珍珠拿出来，退还给了珠宝商。

用这个成语故事来反思，时至今日，私董会亟待升级一下。我们倡导批判性思维，关键在于能够给出建设性改进方案。

私董会这个主题可以写成一本书吗？私董会上应该讨论哪些内容？如果可以写成一本书，而如何组织、召开私董会，至多是其中的1章内容。

私董会上应该重点讨论企业赢利系统的相关内容。在本书第6章，已经简要介绍了企业赢利系统，它包括三个基本要素：经管团队、商业模式、战略路径。用更贴近生活的比喻说，企业赢利系统如同“人＋车＋路”系统，经管团队好比是司机、商业模式好比是车辆、战略路径好比是行车路线。以动态系统的观点看，经管团队驱动商业模式，沿着战略路径发展与进化，实现各阶段战略目标，最终达成企业愿景。除了以上三个基本要素，根据具体企业需要，企业赢利系统还可以叠加管理体系、企业文化、资源平台、技术厚度、创新变革等若干辅助要素。

坚持与时俱进，我们不断创新！现在流行讲第一性原理、顶层设计、思维模型。企业赢利系统就是经营企业的第一性原理，也是顶层设计的思维模型。其实，私董会相当于一件奢侈品，一年或几年才有条件成功举行一次。贯彻与落地企业赢利系统，还需要董事会、战略规划会、经营分析会、专题研讨会等共同发挥协同作用。借助以私董会为代表的这些贯彻与落地场景，《企业赢利系统》将比较详细、系统地阐述和说明企业赢利系统。另外，在这本新书的最后将附加一章，简要讨论职业者的赢利系统。

从2007年至今，笔者一直从事风险投资工作，无论考察、评判创业项目，还是协助投后企业管理及对一些企业实施扭亏为盈举措，都经常用到企业赢利系统的相关理论指导实践，也经常主导私董会、战略规划会、经营分析会等以集合各方专家的协作力量，群策群力，解决企业发展过程中遇到的团队建设、商业模式及战略规划问题。可以说，《企业赢利系统》来自实践，能够理论指导实践，并在实践中进一步创新和锤炼理论。

如何让企业基业长青、可持续发展？就是产品组合不断繁衍、进化，形成一个产品组合家族。同理，笔者也应该将写作的书籍形成一个产品组合家族，通称为“T型商业模式系列”。

T型商业模式系列书籍能够出版，非常感谢不吝持续提供支持的广大读者、师长、同事及合作伙伴，特别感谢长期卓有成效地协同工作的北京时代华文书局高磊、周磊两位编辑老师，特别鸣谢以下企业给予的大力支持！

风润智能装备股份有限公司

思安新能源股份有限公司

西安嘉瀚机电科技有限公司

常州龙腾光热科技股份有限公司

上海拓璞数控科技股份有限公司

上海东硕环保科技股份有限公司

常州领航电子有限公司

天达共和律师事务所

新勇教育基金会

汉中众合先进制造产业发展基金

宁波银行上海分行营业部
上海谦尊升网络科技有限公司
众合创业投资管理有限公司

李庆丰